なぜ共働きも専業もしんどいのか

主婦がいないと回らない構造

中野円佳
Nakano Madoka

PHP新書

はじめに

日本の母親は三人分の仕事をしている

息をつく間もないワーキングマザー生活。とりわけ、転職してから、二人目を妊娠し、復職した後の二年間は、環境変化のせいか年齢の問題か、荒れ気味だった長男との時間もなかなか作れず、二人を別々の保育園に送り迎えするだけで疲弊し、限界だった。

第一子出産後は育休を取って意気揚々と復帰をしても、第二子の育休復帰後に「心が折れてしまう」ワーキングマザーが多いという。それも納得——。働き方を何らか、変えたい。そう思っていたときに、夫がシンガポールに転勤することが決まった。今の生活を見直そうと帯同を即決した。

シンガポールで暮らし始めて、様々な多国籍夫婦に出会った。彼らは、共働き家庭であれ専業主婦家庭であれ、住み込みメイドや掃除を中心としたパートのヘルパー、外食などを使い、日本で見てきた家族よりもしなやかで余裕があるように見える。

一方、私は駐在妻としてある意味初めて専業主婦コミュニティにどっぷり浸《つ》かることになったのだが、多くの日本人の女性は三人分の仕事をしているように見えた。つまり、母親や妻としての役割に加え、他国であればメイドなどに外注している家事労働の二人分、あるいは不在がちな父親の分も含めて三人分の無償労働をしている。

そして、家庭における父親の不在感と表裏一体で存在しているはずの男性への稼ぎ主プレッシャー。シンガポールでも日本と同様に夫の方が世帯収入の主な稼ぎ主という夫婦は多いのだが、それでも妻も働く理由を訊くと、ちらほら聞かれるのが「だって、夫だけに稼ぎ続けろというのは、負担が大きすぎるから」「夫にとってストレスフルすぎる」という答えだ。それを何食わぬ顔でやってのけている日本人男性たちの多さよ。

では共働きにすればいいかというと、冒頭の私のように、多くのワーキングマザーが疲弊しきっている現状。上司が〝妻は専業主婦〟前提の働き方をしていて「定時で帰ります」とは言えない父親たち。

私たちはどこへ向かえばいいのか。どうして何を選んでも皆がしんどい思いをしなくてはならないのか。

社会の前提が違う

シンガポール政府は、外国人家事労働者を受け入れ、シンガポール人や永住権を持つ人たちに高付加価値の仕事をしてもらおうとしている。シンガポールも少子化は日本よりも深刻で（日本と同じように晩婚・未婚化が進んでいる）、教育の競争が激しく、社会の課題はもちろんいろいろとある。

でも、シンガポールで出会う家庭は、日本の共働き家庭ほどバタバタしていないように見える。街を歩けば皆子連れに優しく、少なくとも、「すみません、すみません」と謝りながら電車にベビーカーを乗せたり、必死の形相で電動自転車の前と後ろに子どもを乗せ、真冬の寒空だろうが、真夏の灼熱だろうが、雨だろうが雪だろうが、一八時ごろに猛スピードで家に向かったりする必要は、ないのだ。

それは一つひとつを取れば、メイドさんを雇える選択肢があるからとか、スクールバスがあるからとか、長時間労働に対する意識が違うからなどという理由で説明がつく。だが、全体を見渡したときに、やはり、すべてにおいて共働き前提の社会なのか、専業主婦前提の社会なのかという違いがあると思う。そして、日本は、まだまだ後者なのだ。共働き世帯数が専業主婦世帯数を追い抜いてから、すでに二〇年以上経っているのにもかかわらず。

日本の都心部ではいまだに待機児童問題があり、子どもを満足に保育施設にすら預けられない。基本的に社会全体が専業主婦前提で設計されたときのままになっていて、共働きが増えていく状況に対応できていない。

だから共働き夫婦にとってしんどい社会になっているわけだが、それは家事育児の一極集中という意味で専業主婦にとっても、そして仕事と家計負担の一極集中という意味でその夫たちにとっても、あまり歓迎すべきでない状況をループのように生み出している。

日本の女性活躍は今どこへ

ここ数年で、子育て世代の仕事と家事育児をめぐる状況は、かつてに比べれば大きく前進した。二〇一二年末に第二次安倍政権が誕生し、女性活躍をうたい始めた。「女性活躍」と言いつつ一部の大企業で働く女性しか念頭に置いていないという批判や、女性に働けと言いながら産むことも育てることも求めているといった悲鳴もあった。

それでもこの間、女性活躍推進法の制定などもあり、企業における女性の活躍にさまざま

図1　M字カーブは解消しつつある、と言われるが……

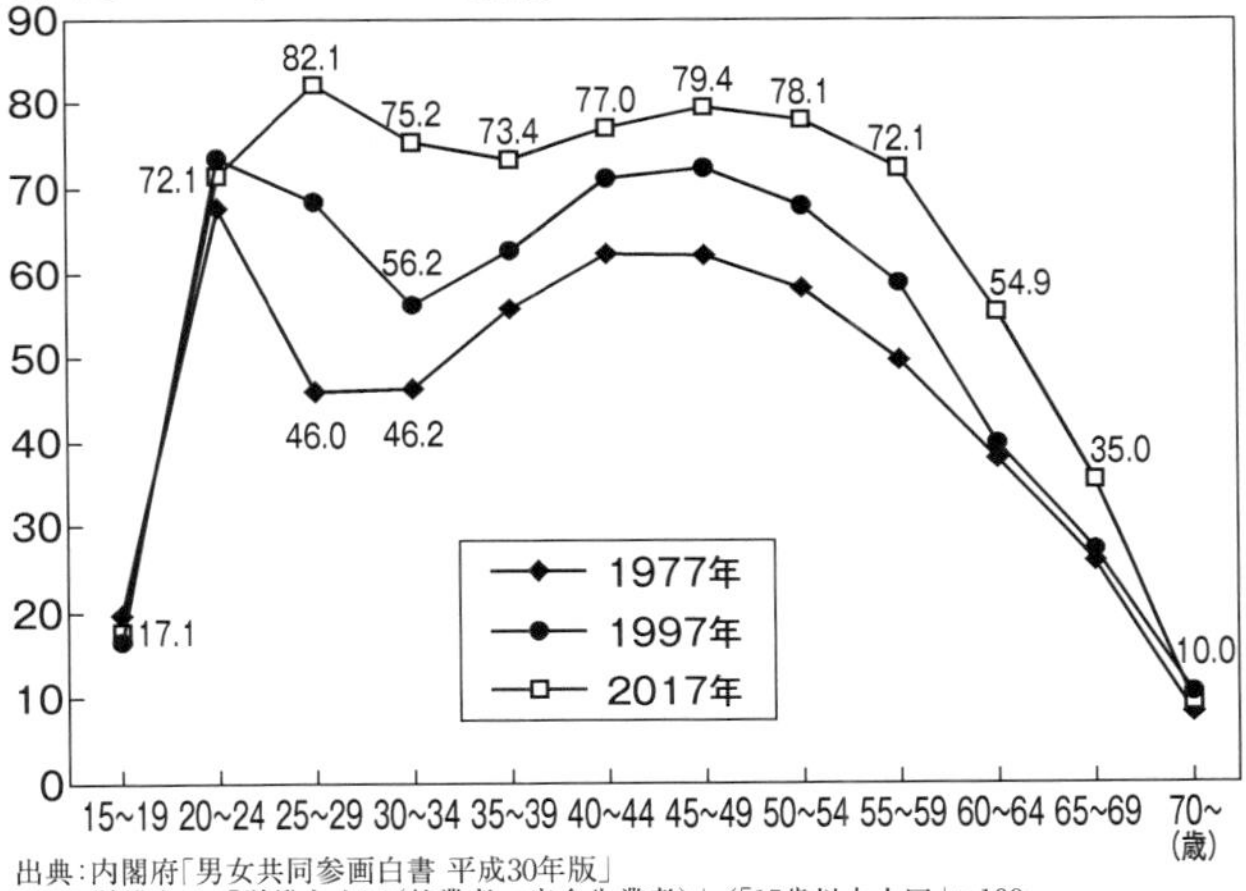

出典：内閣府「男女共同参画白書 平成30年版」
※労働力は、「労働力人口（就業者＋完全失業者）」／「15歳以上人口」×100。

な注目が集まったことは間違いない。女性活躍関連本の出版、シンポジウムなどが活況で、私も二〇一四年に『「育休世代」のジレンマ』を上梓し働く女性の現状を訴えてきた。女性活躍、働き方改革の号令で、働く母親たちもかなり市民権を得はじめた感覚はある。

　二〇一七年の就業構造基本調査によると、二五～三九歳の女性のうち働く人の割合が七五・七％、一五～六四歳の女性の有業率は六八・五％と過去最高となった（図1）。日本の女性の有業率はグラフにするとアルファベットの「M」の形に近く、「M字カーブ」と言われてきたが、総務省は「M字カーブは解消に向かっている」と分析する。

政府の号令は女性活躍から「一億総活躍」、そして働き方改革にシフトした。実際に企業のなかには、長時間労働の抑制や在宅勤務をしやすくするなどの動きが出てきている事例もあり、評価もできる。

それでもなお、家庭での葛藤はなくなっていない。「ワンオペ育児」（一人で仕事・家事・育児をすべてやりくりすること）という言葉が流行り、夫との家事・育児の分担問題は相も変わらずネット上をにぎわせ続けている。働き方が変わっていくことはもちろん必要だが、それと密接に絡み合っている家庭や育児・教育領域での主婦への依存が残る限り、たぶん男女対等の活躍はない。

主婦の再就職先はパートが大半で、低賃金に甘んじざるを得ない。専業主婦前提のさまざまな仕組みは、もう少し時間があれば働きたいと考えている専業主婦の選択の幅を狭め、それにより経済的自立も家事の外注化も妨げる。

一方、正社員は長時間労働や出張、転勤が当たり前。独身男女や稼ぎ主男性たちの過労、企業内でお互いを縛りつける規範、意にそぐわない転勤、そして転職への踏ん切りのつかなさ――。

図2　専業主婦前提社会の循環構造

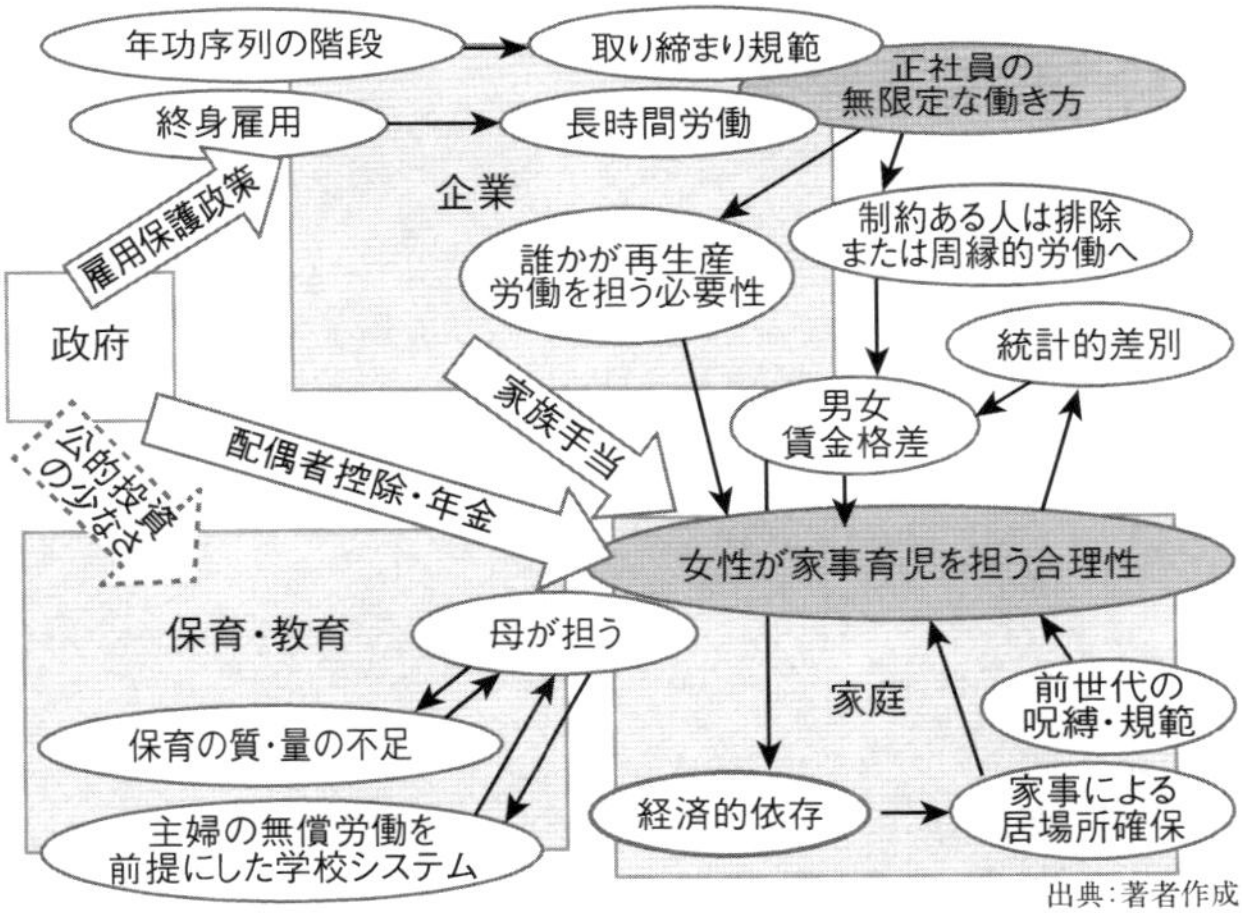

出典：著者作成

専業主婦前提社会は、大半の男性が正社員になり長時間労働をする反面、女性に全面的に家庭を任せ、労働市場では制約のある人材として排除したり周縁に押しやったりしてきた。男女賃金格差や保育・教育分野への公的投資の少なさが、ますます女性の専業主婦化を合理化し、女性たちの献身や自己納得がさらに構造を強化してきた（図２）。

その結果、少子化は進み、女性活躍はいまいち進んでいない。様々なほころびが出始め、この循環構造を見直す必要が出てきている。そろそろ社会もマインドもバージョンアップする必要がある。

今回、本書が問いたいのは日本の雇用システムにおける働き方と子育て領域がいかに絡み合ってきて今は搗《か》ち合っているのかであり、取り上げたのは大半が既婚で子育て中の会社員や専門職の事例だ。

家族の形が多様化する中、結婚していない単身世帯、子どものいない家庭、ひとり親、介護や看護の必要な家族がいる家庭、ＬＧＢＴのカップル……など、それぞれに抱えている葛藤や課題はあるだろう。紙幅の関係上、こうした他の問題に触れられないことは、子育て中の夫婦こそが一番苦しんでいてそれのみが解決されるべきとの考えが反映されているわけではないことに留意されたい。

また、私の書き手としてのスタンスは、基本的には専業主婦としてずっと過ごすというのはいまや成功確率が低くかつリスクの高い仕組みであり、今たまたまそれを選んで幸せな人には何も言うつもりはないが、これからの若い世代が積極的に目指すようなものではないというものだ。

そして社会の方向性としては、若い世代が「専業主婦でも生きやすく、それを目指せるような社会にする」というよりは、働ける人は働くことができ、男女ともに一時期働けない期間があってもセーフティネットがあり、親を含めた様々な大人が子育てに時間を割けるような世界を構想すべきではないかと考える。

なお、一部に主夫の事例も出てくるものの、主婦・主夫の圧倒的多数が女性であることから、基本的には表記を専業主婦・主婦とする。また、カタカナ表記の名前は、すべて仮名で、取材時の年齢を記載している。

なぜ共働きも専業もしんどいのか

目次

はじめに

第一部　なぜ共働きも専業もしんどいのか

第2章　専業でないとこなせない？　日本の家事

第3章 子育て後進国・日本の実態

第三部　変わる社会の兆し

第一部　なぜ共働きも専業もしんどいのか

1　共働きがしんどい

親の帰宅は「子どもが寝る直前」

法曹関係の仕事をしていたアヤさん（33歳）は、第一子が三歳のときに仕事を辞めた。

「一人目の育休復帰後、朝は（自分が早く出勤するため）夫が子どもを保育園に連れて行き、お迎えはベビーシッターさんだったので、私は半年くらい保育園に行ったことがなかったんです」

シッターさんに週末に作り置きしておいた離乳食をチンして食べさせてもらって、二〇時か二〇時半くらいにぎりぎりで「飛び込んで」帰ってくる。そのままお風呂に入れて、そのお風呂の後の着替えまでシッターさんに手伝ってもらい、「シッターさんに『さようなら』をしたら、あとは寝る、みたいな生活」を送っていた。

「寝る直前まで両親のどちらも帰ってこないような生活を続けて、この子はちゃんと育つのかなとだんだん思うようになりました。自分がしたかった育児の実態と現状があまりにも違い、いろいろ考えるうちに仕事もうまくいかなくなってきた」

心身の健康を崩し、仕事を辞めた。専業主婦になってからは、家事・育児が中心の生活を送っている。小学校低学年くらいまでは「習い事の面倒も含めて自分がしっかり育児したいという気持ちがあるので、育児の時間を第一に……」と考えている。

その後については「非常勤とかパートタイムで、働ける場所を探したい」と考えているが、法曹の知識や資格を生かそうと思うと、融通が利くところがあるかは不安だ。経験的にも「最初のうちは効率的にというのは難しくて、ある程度は時間を割かないといけない期間は必要だと思っているので、それがいつかかっていう話ですよね。少なくとも今ではない。下の子が幼稚園に入った時期がそうだと思って働くのかどうか……」。

共働き家庭で育った娘たちのジレンマ

実は、彼女自身は共働き家庭育ちだ。子どもの頃、祖父母に育てられ、それが当たり前だった。さみしいと思っていたわけではないという。にもかかわらず、一人目が生まれて仕事に戻ったときに、自分の両親に対して、複雑な感情を抱いたという。

「これまで、両親は私が仕事をすることとか資格を取ることに対してはすごく応援してくれたけど、育児に対しては遠方に住んでいるというのもあって、思ったほど協力が得られなくて。口では、『そうやって皆もいろんな人の手を借りてやってんだからあんたも頑張りなさい』とか言うんですけど、よく軽く言えるなって、そういうのすっごく頭にきたことがあります」

つまり、両親には、頼れる実の親（自分の祖父母）がいて「自分たちはおばあちゃんおじいちゃんに頼り切って好きなように仕事して」いたわけだが、共働き家庭に育ったアヤさんが親になった時、同じ方法は使えない。

よく考えれば、「両親も（働いているときは）結構夜遅かったので、この人たちは育児の経験がないから手伝おうにも手伝えないいんじゃないかとは思う」。

仕事を辞めて専業主婦になるとき、アヤさんは身構えた。

「もうなんか親からすごく文句を言われるかなと思ったんですよ。せっかく就いた仕事なのにみたいな。けど、そこは絶対言わせないし、今後あんたそろそろ働いたらと言われても、それはなんか自分が今家の中にいてこの家族はまわっているんだと家族にちゃんと示してやろうと思ったこともありますね」

実際には、何も言われなかった。でも、アヤさんの状況は、アヤさんのご両親の個人的な性格や理解の問題ではなく、構造的に発生しているようにも見える。

つまるところ、家庭内の誰かの無償の「専業」を必要とする社会では、「祖父母力」を得た共働き家庭で育った子どもが、働く親の背中を見て「私もああいう風になりたい！」と思い、それを二世代続けられる環境ではないということだ。

二〇代の専業主婦志向回帰はなぜ？

ニッセイ基礎研究所が二〇一八年に女性五〇〇〇人を対象に実施した調査（図3）では、「理想のライフコース」は結婚や出産後も仕事を続ける「両立コース」が年代によらず最も多く、結婚や出産などで退職した後に子育てが落ち着いてから再び働く「再就職コース」も含めれば約六割に達する。

しかし、一方で二〇代で「結婚退職専業主婦コース」「出産退職専業主婦コース」を選ぶ割合が高く、ニッセイ基礎研究所の久我尚子主任研究員は日経新聞（二〇一九年三月八日付朝刊）の取材に対して「今の共働き・ワーキングマザーの働き方がつらそうで、それを回避しようとしているのではないか」と解説している。

若い女性向けの調査研究で、母親と同じコースを選びやすい傾向はある。しかし、共働き

図3　20代は専業主婦希望率が高め

「あなたが理想とする（理想としていた）ライフコースに最も近いものをお聞かせください」

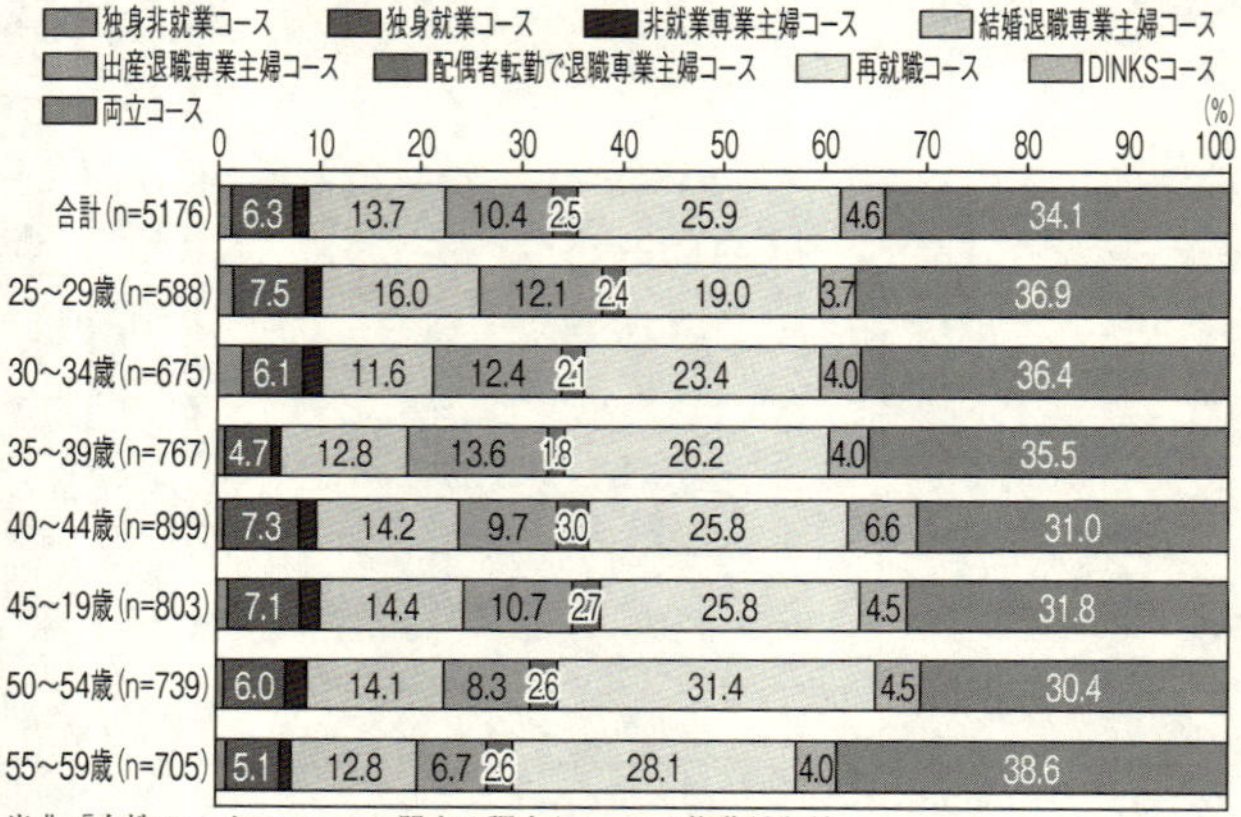

出典：「女性のライフコースに関する調査」ニッセイ基礎研究所

夫婦に育てられた子ども世代も確実に増えている中で、あまりに親世代の共働きがハードモードだったゆえに反発を覚えたり、それが結局専業主婦だった祖母の健康と労力に頼ったものであれば、「両親はおばあちゃんに頼れたからいいけど、私は誰を頼ったらいいの」と方法が見えなくなったりしてしまう。

程よい共働きの方法、家庭内ではない誰かに頼れる仕組みがなくては、共働き世代は子どもを持って仕事を諦めるか、子どもを諦めて仕事を続けるかの二者択一を迫られてしまう。

男性が「主夫」になれば解決するのか

外資系の保険会社でバリバリ営業をしてい

たハヤトさん（32歳）。四年前に、同い年の妻とじっくり話し合ったうえで、自分が主夫になることを決断した。長女が生まれたのは二四歳のとき。

夫婦ともにキャリア形成期で、朝七時から夜七時まで子どもを保育園に預けて働いていた。子どもの送り迎えや家事の分担、土日にも仕事が入ったり出張が入ったりすると、どちらが子どもの面倒を見るのか、揉《も》めごとが絶えなかった。

職場の近くに引っ越すなどしてなんとか耐えていたが、あるとき、娘が水ぼうそうにかかり、保育園に預けられない週があった。

二人ともがバリバリ働くスタイルに限界を感じ、苛立ちが仕事にも影響していることに気がついたハヤトさんは、「どちらかが働き方を変えるしかない」と、夫婦で話し合いをした。

「僕はフルコミッションの仕事で収入が上下し、気持ちとしてキツイなという感覚があった。妻の方は、稼ぎや就労時間が安定していて、やりがいも感じていたんです。あと、妻は本人曰《いわ》く家事が嫌いで、『家事をせずに仕事だけしていたい』。僕は家事は得意ではないけど、別に嫌いではないし、保育園行事や保護者会も苦ではなかった」

総合的に考えて、二〇一四年末、ハヤトさんのほうが仕事を辞め、昼間だけバイトや非常勤の仕事をするようになった。世帯主は妻。男性の方が筋力を使う遊びや移動に向いているなど父親がメインで育児を担うことにはメリットもある。

しかし、周囲の理解は得づらかった。妻の親は「自分の娘が夫に家事や育児をさせていて、教育を間違った。恥ずかしくて人に言えない」という考え方だ。病院に子どもを連れて行けば「お父さんは普段の様子はあまりわからないとは思いますが……」と言われてしまう。

子どもは学校で「お弁当を作ってくれたママにお手紙を書こう」と言われる。世間はまだまだ「シュフ=主婦」というイメージだ。ただ、「保険会社を辞めてすぐのときは、自分自身も用事もないのにスーツで保育園にお迎えに行ったりしていましたが、今は吹っ切れてあまり気になることはないです」。男性用トイレにオムツ替え台がないなどのトラブルは序の口だが、慣れたという。

サラリーマンが二人では子育てできない

その後、次女が生まれた。ハヤトさん夫妻が住んでいる京都市は待機児童がほぼゼロだった。そのため、今も次女を保育園に預けている。あくまでも非常勤やバイトを続け、完全には専業主夫にならない理由についてハヤトさんは次のように話す。

「第一に家計補助です。費用負担は、家賃、光熱費、保育園の利用料は妻。食費、通信費は自分と分けており、その他欲しいモノ、交際費、勉強代は自分で捻出しています。それからやはり、四六時中ずっと子どもといるのはしんどい。両親とも遠方で頼れず、誰かに預かってもらえる場所があると嬉しいです」

「社会との接点は必要ですよね。ずっと一人で子どもとマンツーマンだと病んでしまうかもしれないと思います。外に出て働いて、少ない時間でも人と接して少しでもお金をもらっていると精神的に落ち着きます」

ハヤトさん夫妻が決めていることは、「夫婦フルタイムでの共働きはしない」ということ。取材当初、「僕のスペックでは経歴に穴もあり、一般市場では転職は厳しい。今後会社にフルコミットすることは考えていません。それよりも今自由な身であることを生かして、資格を取得したい。家庭を優先できる週三日の非常勤嘱託や副業などを考え、勉強中です」と語っていた。

その後、ハヤトさん夫妻は妻の方が副業として個人でしていた仕事をフリーでやりつつ、今までよりも柔軟な働き方に変えることに。長女が小学三年生となり、学童終了後に鍵っ子で留守番もできるようになってきたと判断し、ハヤトさんは大学の契約専門職として週五勤務を開始した。

結局のところ、ハヤトさん夫妻の選択は、フルタイム会社員夫婦の両立がいかに難しいかということの裏返しとも言える。


日本で男女雇用機会均等法が施行されたのは一九八六年だ。しかし、その後も、総合職で就職したにもかかわらず、女性はお茶くみからスタートせざるをえないような時代は続いた。


大企業の総合職採用において、三～四割を女子が占め、普通に採用されるようになったのは二〇〇〇年代半ばの氷河期が落ち着いてからだ。

ここでまとまって入ってきた女性たちが出産するようになって直面するのが拙著『「育休世代」のジレンマ』に書いた問題だ。

つまり、育休など両立支援の制度がある程度整ってきた大企業でも、結局子どもを産み、残業が無尽蔵にできなくなると責任ある仕事から外されてしまう。競争に対する親和性が高く意欲に溢れていた女性ほど、自分の配偶者（夫）にキャリア競争から降りることを求めることもできずに、自分自身で育児をこなそうとしてしまう。

短時間で生産性を高めて働こうとしても、フルコミットができないという理由だけでママ向けの指定コース「マミートラック」に置かれてしまう。バリバリ働いていた女性ほど、その理不尽さに耐えかねて、職場を離職することにつながっている――。

そして女性が総合職的な働き方をし始めて最も機能不全に陥ったのは、やはり家庭だ。「二四時間働けますか」の世界が夫婦両方に拡張したら、当然子育てをする暇はそこにはない。

企業に雇われている人は長時間労働ありきで、家事や子どものケアをするといったことは専業主婦が担う――。過去実現していたそれらのことを従来どおりの態勢で実現しようとすれば、当然無理が生じる。

「子どもとの時間」が足りない

医療系企業に勤務していたアキさん（32歳）は、「子どもとの時間」のために働き方を変えた一人だ。フルタイムで会社勤めをしていたときのことを次のように語る。

「たとえば本を読んであげたり手遊びをしたりとか、子どもが質問することに丁寧に答えてあげたり、実際に見てあげたりとか。そういうことに付き合ってあげる余裕を持てたらいいのですが、ただでさえ、ご飯を食べさせて、お風呂に入れて寝かせるしか時間が残っていない。どう折り合いをつけるか、すごく難しかったです」

育休中は、図書館で行われる読み聞かせや、幼児教室のような場に通わせることができたが、復帰後それらができなくなり、自分の働き方に疑問を感じ始めた。二年ほど試行錯誤をするが、結局フルタイムの仕事を辞め、薬剤師の資格を生かしたパートタイムの仕事に切り替える。

「私（が子ども）だったら、これがしたい、あれがしたいと思うことを、やらせてあげられていないと思っていました。それが結局つらすぎて、フルタイムの仕事は辞めて、パートにして一六時に終わるような仕事にしました。今は子どもをお迎えに行ってから毎日公園で遊ばせたりしています」

「できるだけ公園に連れて行きたいし、小学校に入ったら今度は学童で同じような問題で葛藤するでしょう。さらにPTAはどうなるんだろう、受験はどうなるんだろうとかいろいろ考えてしまい……。先の不安ばかり考え、辞めてしまいました」

夫も半休を取って公園に連れて行ってくれることもあり、「ワークライフバランスも結婚したばかりのときよりは明らかに改善した」。が、それ以上は求められないと感じていた。

「(もともとフルタイムで働いていたときから) 年収の格差があるので、私が同じだけ稼いでいて定時で帰っているんだったら主導権があるかもしれないけど。そこで主人がワークライフバランスを取れる会社に転職する、でも給料半分になるよ、と言われたら私はとめる……。私が仕事を辞めることが現実的な路線でした」

男女の賃金格差についてはのちほど触れるが、企業内外の構造により男女格差が開くことが、このように夫婦の間の格差につながり、妻が家事や育児を一手に担うことを合理化している。

保育園で十分なのか

アキさんの場合、背景には、保育園のプログラムへの疑問もあったようだ。

「保育園での過ごし方は、すごく大事だと思っています。(通っていた園は) 夕飯は出してもらえて便利だけど、室内で過ごす時間が長く、もっと外遊びしたいだろうなと思っていて、その分家に帰ってからとか週末にリカバリーしたいと思いながら仕事していたんです」

でも家に帰ってからは、基本的なことをするだけで既にハード。そこに「自分でハードルを上げてしまって苦しかった」。

一方で、会社を辞め、パートタイムで働いていることへの不安もあった。

「公園に連れて行けるようになって、大満足というのではないです。一体いつまでそれをやればいいのか。資格を使って働けていいねって言われるけど、そんなにやりがいも感じられなくて。もともとやっていた仕事は競争が激しいので（いずれ戻ることを考えると）キャリア（路線）から降りて長くいるとやばいなって思います」

アキさんはこのとき、「保育園でしっかり教育も受けてるんだなって思えたら、あとは家で無難に過ごしてもいいかなと思えたと思います。いい園に入れたら、働くうえでも安心だなと思う」と話していた。

そして、実際に本人が「この園なら任せてもいい」と思える園に子ども二人を入れてからはフルタイムの職に復帰した。

つまり、子どもと向き合いたいという気持ちの中には、自分が子どもと時間を過ごしたいというだけではなく、「十全な育児ができていないのではないか」という自信のなさと罪悪感が含まれている。では、やはり向かう先は「専業主婦」回帰なのだろうか？

2 専業主婦がしんどい

専業主婦生活が人生最大の暗い闇

一七年間ＩＴ業界でシステム開発、法人営業の仕事をしてきたナナさん（40歳）は、二〇一七年に夫の転勤で専業主婦となった。働き始めたのは就職氷河期。深夜残業や休日出勤をこなし、一日のほとんどを会社で過ごすような二〇代を過ごした。

二回の育児休暇を取得し、短時間勤務で復職してからも、両立生活は充実感とメリハリがあった。二人目がもう少し手が離れたら、前線の仕事に戻れるのではないかと、将来のキャリア設計を自分なりに立てていた。

そんなときに、同じ会社の海外部門に所属していた夫に海外駐在の辞令が出た。夫婦ともに転勤の可能性があることも、夫がいつかは海外で働きたいという希望を持っていることも知っていた。

頭では理解し、覚悟していたつもりだったが、「実際に決まったときは頭が真っ白になりました」。

自分が仕事を続けるために子どもたちと自分だけで日本に残る選択肢も考えたが、双方の実家とも遠方で、頼れる親戚も近くにいない。夫と協力してなんとか共働きを継続していたので、夫が海外駐在になる数年間、ワンオペ育児と仕事の両立を続けるのは難しいと感じた。

まだ子どもも二歳と六歳と小さく、家族一緒に暮らしたい。しかし、会社には海外赴任に伴う休職制度はなかった。

悩みぬいた結果、辞令が出てから四カ月後、会社を退職し、二人の子どもとともに初めての海外生活をスタートした。そこからの半年を、ナナさんは「人生最大の暗い闇」と語る。

「初めての海外生活で慣れない食材で、そもそも慣れない料理をしないといけない。あと、日本では平日は一〇時間保育園に預けていたので、子どもと過ごす時間も、何をしていいかわからなかったんですよね」

二カ月経過した頃には、外に出るのも億劫になり、他のママと顔を合わせるのも面倒に。家にいても何もする気になれなかったという。「いわゆるプチうつ状態だったと思います」。

「一七年間会社員としてキャリアを積み上げてきたので、仕事をしていない自分、肩書のない自分は、一体何者なんだろうと、不安に襲われました。妻として母親として家族を支えることも立派な役割であると頭では理解しているつもりでも、自分は何も生み出していない、社会に貢献できていない……。そんな風に感じてしまいました」。

さらに、同期で同じ会社で働いていた夫とは、それまでは対等に家事育児も分担してきたのだが、関係性が変化した。

「夫に対して引け目を感じ、意見を言ったり家事分担のお願いをしたりあまりできなくなった。お金を使う際も、自分が仕事をして得たお金ではないと思うと、使うこと自体に申し訳なさを感じて。収入を得ていない分、家事も育児もきちんとやらなければならないと、必要以上に自分で自分を苦しめて負のループに陥りました」

ナナさんの場合は転勤や駐在特有のつらさもあっただろうが、子どもの言動についイライラして怒鳴ってしまい、自己嫌悪に陥ったという。できないことの多い自分に自らダメ出しをして、自信を失い落ち込む――。

多忙な専業主婦の一日

いまや専業主婦世帯は六〇〇万世帯となり、パートタイムも含む共働き家庭は一二〇〇万

図4　逆転した「共働き」と「専業主婦」の数

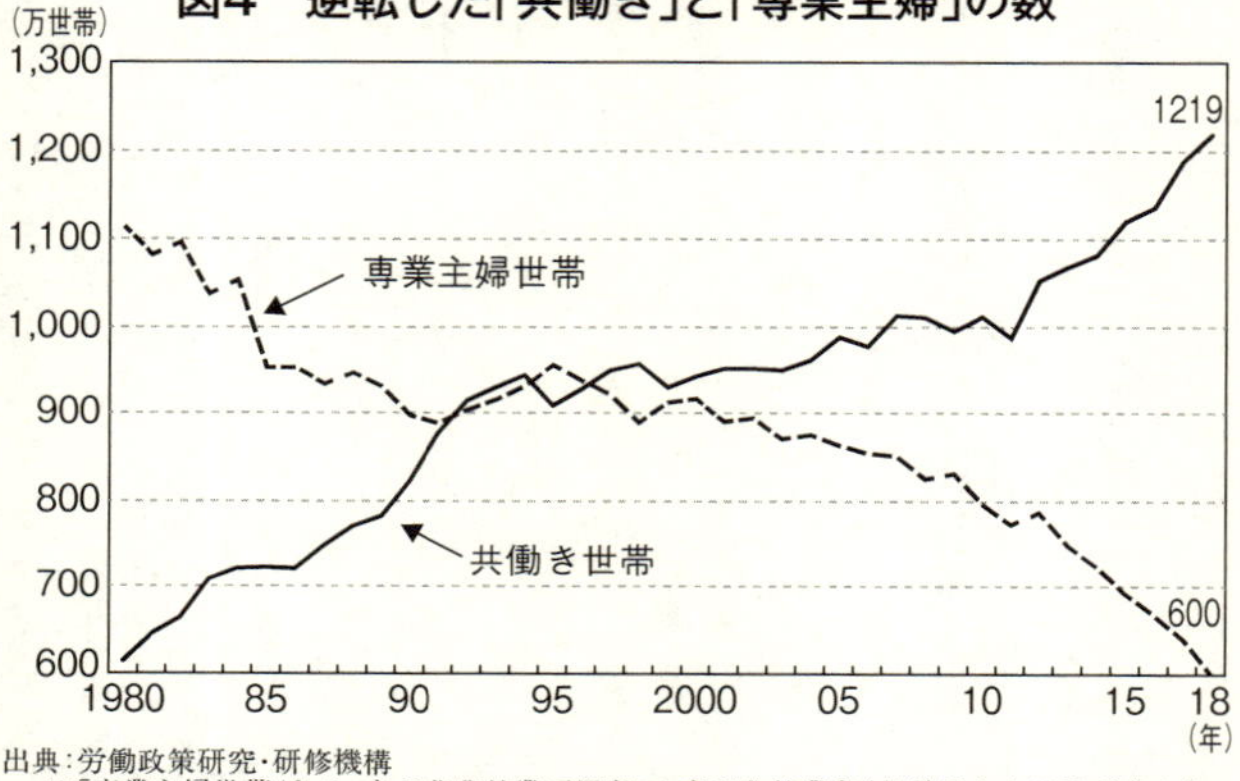

出典：労働政策研究・研修機構
※「専業主婦世帯」とは、夫が非農林業雇用者で、妻が非就業者（非労働力人口及び完全失業者）の世帯。
※「雇用者の共働き世帯」とは、夫婦ともに非農林業雇用者の世帯。
※2011年は岩手県、宮城県及び福島県を除く全国の結果。
※2013年〜2016年は、2015年国勢調査基準のベンチマーク人口に基づく時系列用接続数値。

世帯（図４）。全体の六〜七割を専業主婦家庭が占めた一九八〇年頃とその割合を逆転させている。もはや贅沢な立場にも思える専業主婦だが、実際の生活はどのようなものだろうか。

多くの共働き家庭が保育園に〇〜一歳から子どもを預け始めるのに対し、専業主婦たちが幼稚園に子どもを預けるのは三歳。いったいそれまでの二〜三年間、どう子どもと過ごしているのか。女性自身や子どもの性格などにもよると思うが、乳幼児や幼稚園児の子どもを持つ専業主婦たちの平均的な一日は、ものすごく多忙だ。

家族よりも早く起きて身支度などをし、朝からお弁当・朝ご飯などを作り、子どもを起こし、ぐずるのをなだめつつ、着替え・食事・身支度をさせ、九時前に幼稚園に子を送る。幼稚園送りの後、スーパーやパン屋に夕食や翌日の朝食の買い物に行く。

子どもが複数で、まだ幼稚園に入らない年齢の弟・妹がいる場合は、特に忙しい。〇～二歳の子は、うまく昼寝ができないとぐずって収拾がつかなくなる。そうなる前に午前中に体力を使ってもらい、昼寝をすんなりしてもらおうと、午前中は全力で一緒に遊んだり、ベビーカーでぐるぐる歩き回ったりする。

それから下の子にお昼を食べさせ、ようやく下の子が昼寝をすると、朝の片付け、掃除などが待っている。そうこうしているうちに、あっという間に上の子の幼稚園のお迎えの時間。帰ってきたらもう大騒ぎだ。

子どもに年の近いきょうだいがいると一緒に遊んでくれる面もあるものの、喧嘩をさばき、ママの取り合いに対応する労力も増える。夏休みなどの長期休暇はこれが一日中、続くことになる。

そもそも、家事・育児とは結構複雑な業務だ。平山亮氏は著書『介護する息子たち』などで、イギリスの社会学者ジェニファー・メイソンが九〇年代の半ばに提案した概念「sentient activity」を紹介している。

sentient activityとは、平山氏の整理によればケアが成り立つために必要な「感知すること」「思考すること」といった営為のこと。ケアする相手の状態・状況を注視し、何が必要かを見定めること、その前提としてそもそもどのような人物で何を好み、何を好まないかを理解すること、社会関係について思慮することなどが含まれるという。

日常的に家事・育児をしている主婦は、献立を考える、冷蔵庫の中身を把握しておくといった家事の前提となるような「名もなき家事」に加え、たとえば子どもの食事を用意するときに子どもの状況や好み、次の日以降いつ買い物に行けるかといった感覚的なマネジメントもしているというわけだ。

平山氏は、作業としての子どもや高齢者の世話に従事する男性（夫など）が増えたとしても、こうしたsentient activityを通じたマネジメントを女性ばかりが担っていること、その状態から夫など誰かに作業を委ねようとするとかえって言語化する手間が生じてしまうこと、マネジメントが目に見えない活動ゆえにその困難を男性に理解させることが難しいことなどを指摘している。

平山氏はこの概念を使い息子による介護を分析しているが、子育て中の女性が負担を感じている理由や忙しく感じてしまう理由についても、同様のことが言えるだろう。

主婦業が忙しいから働けない

岩田正美・大沢真知子編著『なぜ女性は仕事を辞めるのか』によれば、二五～四四歳の育児をしている無業女性のうち、六割が就業を希望しており、特に末子が小学生になると本格的に再就職を考え始める。

彼女たちが再就職を希望する理由としては「教育費や老後の資金など、将来に備えて貯金をしたいから」が七割超、次いで「自分で自由に使えるお金がほしいから」が五割超で、経済的理由が中心。それに次いで「仕事を通した社会との関わりがほしいから」も四割程度。

しかし、一方で再就職に不安を覚える女性は多く、その理由は「育児や介護、家庭と両立できるか」が六割近くで最も多く、次いで「自分に働くための知識や技術があるか」「就職・再就職活動がうまくいくかどうか」「社会復帰への漠然とした不安」などが続く。

共働きは大変だ。といって、専業主婦はどうかというと、乳幼児を抱えている場合はやはり忙しい。幼稚園の行事のための手作り準備など突然降りかかる作業もばかにならない。手作りにこだわった料理、子どもの教育などに力を入れようとすれば、自分の時間はほとんどない。

もちろん好きずきや、向き不向き、子どもの人数や性格などにもよるから、楽しくやっている人もいるだろう。うまく手を抜ける人もいるだろう。でも、専業主婦が「結構忙しい」ことには変わりはない。

この忙しさが前提になってしまうと、「本当は働いたほうがいいと思っている」場合ですら、なかなかもう一度働きはじめる踏ん切りがつかない。実際の声を拾ってみよう。

- 三歳未満の子は基本的に（必死で保活をしないと）預ける場所がない
- 三歳以上になってからは（預かり保育などを探さない限り）幼稚園のお迎えに間に合う時間の仕事しかできない。そういう仕事を見つけるのが大変だし、大した金額にならない
- 三年以上も仕事を離れているブランクがあったら社会人として不安
- 二人目三人目の出産、そして夫の転勤があればまた働けなくなってしまう。小学校に入ってからも宿題などを見ないといけない
- 夫には「働いてもいいけど、家のことがおろそかになるのはやめてね」と言われる

一部思い込みもあるし、夫が変わらなければならない側面もあるとは思うが、彼女たちか

らは「働き始められない」理由が、いくらでも出てくる。

今の「専業主婦前提社会」では主婦業が忙しいからなかなか働き始められない、働けないから専業主婦前提社会が維持され、主婦業だけで忙しくなる。このループで女性は働くタイミングを逃し、それがブランクとなり再就職への不安を煽り、専業主婦前提社会を強固なものにしている。

専業主婦は後ろめたい？

主婦に特化した人材サービス『しゅふＪＯＢ』（事業運営者：株式会社ビースタイル）の調査機関しゅふＪＯＢ総研が二〇一八年一一月に実施した調査によると、専業主婦・主夫であることに、後ろめたさや罪悪感のようなものを覚えたことが「ある」人は二五・四％、「少しはある」人は三一・二％、「ない」人は四一・七％。

半数以上は後ろめたさや罪悪感を覚えたことがあると答えている。後ろめたさを感じたことのある理由は、「自分の稼いだお金でないと何となく自由に使うのに気がひけます」「経済的に依存している気がして、罪悪感がありました」など、経済的自立がないことに起因するものが多い。

「専業主婦だとお金持ちと思われることがあるのが嫌だ」「夫に、人の稼いだ金で楽をしていると言われた」など、第三者や夫からの見られ方を気にする声もある。

では、ワーキングマザーはどうかというと、職場では同僚より早く帰らないといけないことに後ろめたさを感じたり、保育園では子どもを預けることに罪悪感を覚えたりしている。働く女性も、専業主婦も、どちらも一〇〇％ハッピーというわけにはいかない。

一方、主婦調査では後ろめたさを感じたことがないとの回答もある。そこでは、家事労働・ケア労働は無償であっても大事な仕事であるということに加え、「働いていてはできないこと」の価値を肯定的に捉える声が上がる。

「主婦も立派な仕事なので」
「子育ても家事も間接的に収入に繋がっているから」
「一日中子どもの面倒を見るより、外で働いている方が楽だとずっと思っていた」
「子どもたちの成長の全てを見ることができたから」
「仕事をしていてはできないこと（ＰＴＡ役員、子どもの習い事の送り迎え等）に時間を使うことができた」

「収入がなく贅沢ができなくても家庭をおろそかにする方が罪悪感がある」

興味深いのは、世代別の数字だ。専業主婦・主夫であることに罪悪感が「ない」と答えている比率は、三〇代以下が二九・八％なのに対し、四〇代では三六・二％、五〇代では五三・六％に上がる。

専業主婦生活が長くなった五〇代は喉元過ぎて解釈が美化されている可能性もあるが、周囲の多くが専業主婦だった世代と今の三〇代では取り巻く環境が違う。女性活躍と盛んに言われ、人数的にも専業主婦のほうがマイノリティになりつつある。

一九五五年からの「主婦論争」とは何か

この「後ろめたい／後ろめたさなんか感じる必要ない」論争。しゅふＪＯＢ総研の調査は、もともと専業主婦であることに罪悪感を覚えてしまう人がいることに問題提起する意図だったのだが、テレビで紹介された際、調査自体が罪悪感を押し付けているかのように捉えられ、一部視聴者の間で炎上した。

女性活躍がもてはやされ、外で働く人が増えるなかで風当たりが厳しくなっているゆえに、反発も大きいのだろう。

専業主婦の経済的リスクを指摘したときの反応を大きく分けると、おそらく二種類ある。

①好きで専業主婦をやっているわけじゃない　私だってリスクが大きいのはわかっているけれど、仕方なかった。専業主婦ってすごく大変で、できれば外で働きたいけれど、そういう社会の仕組みになっていない。なのに私たちを責めないでほしい。

②好きで専業主婦をやっているんだから、放っておいてほしい　外で働いていることばかりに価値を置くのはおかしい。家事や育児という立派な仕事をしていて、私たちだって十分活躍している。なのに専業主婦はつまらない仕事みたいに見下さないでほしい。

この二つの意見は一見、真逆にもかかわらず、どちらも主婦の仕事に対して価値が評価されていないことへの、不満でもある。

実は、「主婦は働くべきか」から始まり、「主婦は立派な仕事である」「専業主婦は三食昼寝付きでいい身分」といった主婦の見られ方をめぐって議論が繰り広げられる、いわゆる

「主婦論争」には半世紀以上の歴史がある。

上野千鶴子編『主婦論争を読む（Ⅰ・Ⅱ）』や妙木忍『女性同士の争いはなぜ起こるのか』などでは、一九五〇年代からの議論が整理されており、中には「くたばれ、専業主婦」といった過激な発言まで繰り広げられた様子が描かれている。

過去何度も繰り返されてきた論点の一つに、経済的自立を重視する立場、それに対して経済的なものでは測れない価値を強調する立場の対立軸がある。結局、この対立は家事労働が無償であることに起因している。解決策として、専業主婦にその働きを評価して現金支給をする主婦年金というものが提起されたこともあったが、財源の確保は現実的ではなく、この論点は決着のつかない平行線をたどっている。

主婦という生き方の選択は自己責任なのか

ここに、最近加わっているのが自己選択の議論だ。妙木忍氏も上記書籍で九〇年代後半から二〇〇〇年代前半の第五次主婦論争では「自己決定・自己責任論」が論点の一つになったと指摘する。つまり、「積極的に自分で選んで楽しんで専業主婦をしている人はいいが、自分で選んだくせに、大変だとか評価されないとか不満を言っている専業主婦は文句を言うくらいなら、外で働けばいい」という論者が出てきたというわけだ。

しかし、これこそが前述の①「好きで選んだわけじゃない」タイプの反発が出てくる背景でもある。つまり、好きで選んだとは限らないのに、専業主婦は大変だと言うと「自分で選んだんでしょ」と言われてしまう、あるいは専業主婦を養える世帯が減っている中で選べること自体に対して「専業主婦になれるなんていいですね」と嫌味を言われてしまう――。

しかし、人生の選択をする場面で、それを選ばざるを得ない状況があったり、数少ない選択肢の中で次善の策として選んでいたり、選ぶように方向づけられてしまうような社会規範があったりしないだろうか。

たとえば専業主婦にならない限り十全な育児ができないように見える社会環境、育休が取れない立場や配偶者の転勤が頻繁で就業と家族で生活することがトレードオフになってしまう企業の仕組み――などによって、そう方向づけられる場合もあるのではないか。

そうした制度や枠組みを疑うことなく、自己責任論に帰してしまって果たしていいのだろうか。何か課題があるにもかかわらず当事者たちが「自分で選んだんだから」と自己暗示をかけることで、本当は改善されたほうがいい既存の課題含みのシステムは放置され、時に強化される可能性もある。

「女の敵は女」の対立軸が消えるとき

この本の執筆前後に、何人ものワーキングマザー、専業主婦、そしてときにその配偶者たち、そして数人の主夫経験者への取材を行った。それを経て、俯瞰《ふかん》してみて思うことは、とりわけ三歳までの子どもを抱える家庭は、専業も、共働きも、両方それぞれにしんどいところがあるということ。

マートンという社会学者が「準拠集団」という概念を使って「相対的不満（相対的剥奪感）」という理論を展開している。人は自分の置かれている絶対的な環境よりも、誰かと比べて「この人たちより不利な境遇にあるが、あの人たちよりは恵まれている……」というように「相対的」な不満を抱える――というものだ。

そのときに、比べたり規範に従ったりする対象のことを「準拠集団」というのだが、人が準拠させる集団は、所属している集団に限らない。

高度経済成長期に多くの家庭で妻が専業主婦になっていった時代、多くの女性にとって、専業主婦は「選ぶ」ものというよりは、「自然な流れ」だったに違いない。均等法以前にも稀《まれ》にパイオニアの職業婦人はいただろうが、その数少ない層は「私だってああいう風になれ

図5　出産を境に退職する人としない人の割合が拮抗してきた

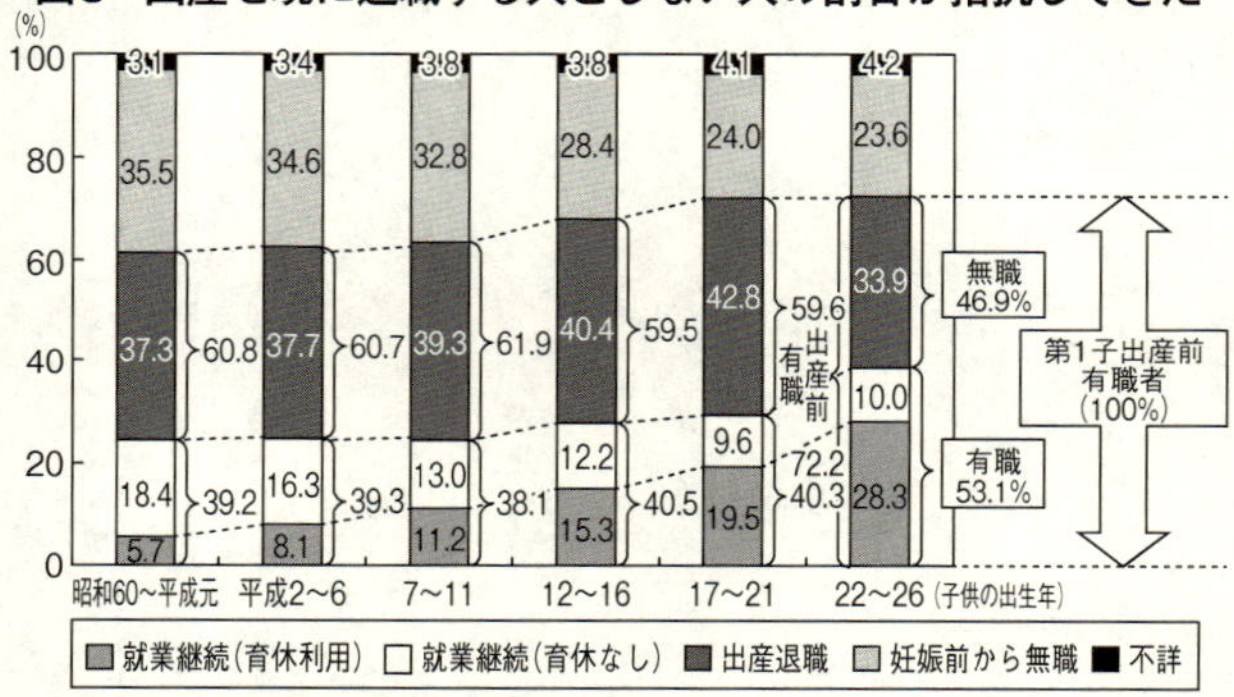

出典：内閣府「男女共同参画白書 平成30年版」
※第1子が1歳以上15歳未満の初婚どうしの夫婦について集計。
※出産前後の就業経歴
就業継続（育休利用）—妊娠判明時就業～育児休業取得～子供1歳時就業
就業継続（育休なし）—妊娠判明時就業～育児休業取得なし～子供1歳時就業
出産退職　　　　　　—妊娠判明時就業～子供1歳時無職
妊娠前から無職　　　—妊娠判明時無職～子供1歳時無職

たかもしれない」という「準拠集団」には、なりにくかったのではないか。

ところが、今は、専業主婦、共働きにとって、お互いが「もしかしたら自分だって選べたかもしれなかった選択肢」だ。

子どもの出生年別の妻の就業経歴を見ると、昭和六〇年～平成元年でさえ、そもそも妊娠前から無職のケースが三五％で、三七％が出産を機に退職している。これが平成二二～二六年となると、何らかの形で就業継続している層が全体の三八％と拮抗《きっこう》してくる（図5）。

だから、相対的な不満、「相対的剥奪感」を感じて、選んだ選択肢に自信がなく、どこかで後ろめたさを覚えるのかもしれない

――。

専業主婦も、共働きも、「もしかしたら自分だって選べたかもしれなかった選択肢」であったと同時に、「いつ自分がそちら側に行くかわからない選択肢」でもあるはずだ。それが誰にでもいつでも選べるものなのであれば、選べなかったことを後悔したり、選ばなかった選択肢の価値を引き下げたりする必要もない。

専業主婦の期間を経て再就職する人や、フリーランスのような柔軟な働き方をする人が増えている。真の意味で多様な選択が可能な社会になったとき、専業主婦とワーキングマザーといった対立軸や主婦論争は、ようやく終わりを告げることになるのではないだろうか。

「仕事も子育ても」はワガママか

専業主婦、共働きの女性同士の対立があるかのようにメディアに描かれてしまう背景には、共通して女性が何かを諦めざるをえない現状がある。両方のいいとこ取りなんか、できない……。すべてを望むというのは、欲張りだ。ワガママだ……。

本当にそうだろうか。現状はそうだとしても、これからもそうでなくてはいけないのだろうか。私たちの息子や娘が大きくなり、その子どもたちが生まれたとき、私たちが引き継ぎたい社会の姿は、どんなものだったらいいだろうか。

その問いに答えるためには、今、どうしてそれぞれがしんどいのか、何が私たちを苦しめているのかを、解きほぐす必要があるのではないか。

働く女性も罪悪感を抱え、専業主婦も後ろめたさを抱える。もちろんそうでない人もいて、それは喜ばしいことだ。私は、どちらかの選択をしたこと、あるいはせざるをえなかったことを、決して責めるつもりはない。どちらかの選択をしたことを誇りに思おう！　と啓発したいわけでもない。

ただ何らかのしんどさを抱えている人がいるのなら、その理由がわかることで少しすっきりしてもらえる、あるいは呪縛から解き放たれる一助になればいい。そして、あなた自身の決断や人生とは一回切り離して、次世代にどんな社会を生きてもらいたいのか、そのために何を考えたらいいのかという俯瞰した視点で、次節からは今の社会の構造を見てみたい。

3 しんどさを生み出す循環構造

「サラリーマンの働き方」には「妻」の支えが不可欠

そもそも日本における「サラリーマン」という働き方は、一九五〇年代半ばからの高度経済成長期に、都市部への人口流入とともに激増した。それまでの農業や自営業は家族ぐるみで働き、女性の労働力率も高ければ、子どもも家事や稼業に駆り出されていた。

それに対し、核家族で団地に住む「サラリーマン」スタイルは男性が正社員で一家の稼ぎ主となり、専業主婦が支えることを前提としてきた仕組みだ。

職住分離で夫が長い通勤時間に耐え、長時間労働を担い、一方、子どもは三歳までは母親が家庭でみる。専業主婦が将来の労働力である子どもや、激務の夫を家庭で癒し、職場などの「生産労働」へと再び送り込む。このような家庭での家事労働を、社会学では「再生産労働」と呼ぶ。

こうした妻の支えを前提として、家族手当が支払われ、会社が家族ごと丸抱えで責任を負うような仕組みが企業の福利厚生や給与体系に盛り込まれてきた。

佐口和郎『雇用システム論』は後払い賃金的性格を持つ年功賃金制度などが正規雇用者のコミットメントを生み、経営側にとっても労働供給の安定化に寄与したと指摘する。一方で拘束性が低い非正規労働は、企業にとってはコストが低い。非正規は正社員に比べて待遇面で大きな格差が生じるものの、稼ぎ主でないゆえに問題化されにくかった。

佐口氏はこうした男性中心の正規雇用に関する諸制度と女性雇用のあり方が相互補完関係を形成していたとしている。女性の非正規労働の待遇上の不公正を問題にすることは、その夫たちの正規雇用の特権に疑問を呈することにもつながり、是正の声が抑制されてきた側面もある。

川口章『ジェンダー経済格差』は、多くの企業が男性のみを採用して、たとえば夜間の接待をするなどのワークライフバランスを無視した取引交渉を行っていると、一部だけワークライフバランスを重視する企業があったとしてもそういった企業の利潤が低下し、女性差別的な雇用制度を維持する均衡に陥ることを指摘している。

一方で片稼ぎを選ぶ家庭が多いほど、政策的にも仕事との両立を支援する政策が支持を得られず、社会全体としてのワークライフバランス施策が貧弱になり、共働きを選びにくくなりますます片働きが増える。

また、企業における女性差別的な雇用制度こそが家庭での性別分業を可能にもしている。つまり、企業における女性差別的な雇用制度と、家庭における性別分業、ワークライフバランスを妨げる社会経済制度が一種の均衡を形成しているというわけだ。

「合理的な選択」をもたらす「劣等均衡」とは何か

シカゴ大学教授の山口一男氏は著書『働き方の男女不平等』の中で、川口氏の著書などにも触れたうえで、当時戦略的合理性を持つように見えて選択された結果が、最初の選択に依存する制度の「経路依存」に陥っていると指摘する。

具体的には、日本企業は高度成長期に、企業内人材投資を行った雇用者の流出を低く抑えるために、雇用者への手厚い雇用保障制度（終身雇用制度）と、年功賃金と退職金を核とする賃金制度を選択した。

ところが、ひとたび選択されると、それは相互補完的にできあがった制度の集まりのセットとなり、部分的に変換することが難しくなる。

山口氏はたとえば雇用者間に利害の連動をもたらす日本型のボーナス制度が同僚との協

力インセンティブを引き出すと同時に、「タダ乗り者」に対する規範的取り締まりの必要性を引き出していると指摘する。

本著の取材の過程でも、日本では同調圧力が強く、ときに企業の規範が社員の配偶者の言動にまで影響を及ぼしている様子がうかがえたが、これは企業の構造に起因しているのだろう。

雇用調整の方法も、労働需要に応じて需要が減ればレイオフ（解雇）し、増えれば採用するといった欧米型の雇用者数調整ではなく、日本企業はバッファーとして恒常的な残業を盛り込んだ労働時間の調整をすることを選択した。その結果、長時間労働が定着した。

山口氏によればこうした長時間労働や、同僚の働き方を規範的に拘束するような在り方こそが「相互補完的」な制度の集まりというわけだが、これが、女性のフルタイム正社員での就労継続を困難にする。

まず、長時間労働をすべての正規雇用者に期待すれば家庭が成り立たなくなるため、個人ではなく家族を単位として企業がサポートするようになる。転勤帯同する家族への手当などもこうした考え方が反映されていると言えそうだ。

こうして、男性には長時間労働を課し、女性には長時間労働を免除することで家庭の役割を優先すべきと考える相互補完性ができあがる。男性には時間的拘束と年功賃金プレミアムを提供し、女性にはそれを与えず賃金を低く設定し、働くとしてもパートや一般職など（山口氏は縁辺労働力と呼ぶ）にとどめる。

総合職で採用したとしても「女性は辞めやすいから成長機会につながるような仕事を与えない」という統計的差別が発生。それが「予言の自己成就」的にさらに女性を職場から排除していく――。

こうして男女の賃金格差が成立する。そうすると、「夫は家計に、妻は家事・育児に主たる責任がある」といった伝統的分業が合理的なように見えてしまう。これがまた統計的差別を強めてますます賃金格差は縮小せず、伝統的分業が合理的に選択される状況を再生産するという悪循環を生んでいるというわけだ。

山口氏は社会全体でこのような悪循環が起こっていることを「劣等均衡」と呼び、普遍的前提（賃金格差がないなど）における合理性はないことを指摘しつつ、人口の半分を占める女性人材を活用できない社会が、労働生産性を最大化することはできないと述べている。

教育問題や「社畜」を生んだ「戦後日本型循環モデル」

企業と家庭の合理性がないはずの均衡は、その他の社会領域とも連動している。

東京大学大学院教育学研究科教授の本田由紀氏は著書『もじれる社会』などのなかで、高度経済成長期から安定期にかけて、教育・家族・仕事という三つの社会領域で、父が賃金を持ち帰り、母が教育やケアを担い、そこで育てられた子が新卒一括採用で仕事に送り込まれるという「戦後日本型循環モデル」が成立していたとする。

このモデルが成立している間は、政府は産業政策を通じて「仕事」の領域だけを支えていけば、企業から出る手当等が家庭を支え、家庭が教育を担っていたので、家族や公的な教育に投資せずに済んだというわけだ。本田氏はこの循環構造自体が様々な教育問題や「会社人間」「社畜」を生むことになったという難点を抱えていたことを指摘したうえで、さらに九〇年代のバブル崩壊で循環構造が破綻したと述べる。

企業の内部で一種の均衡をもたらしていた循環構造、そして社会領域を横断して成り立ってきた循環構造。このスタイルが始まり、過労死や育児ノイローゼなどのリスクを包含しながらも一見うまくいっているように見えていたのは、たかが一九五五年頃から、女性の就労

図2　専業主婦前提社会の循環構造（再掲）

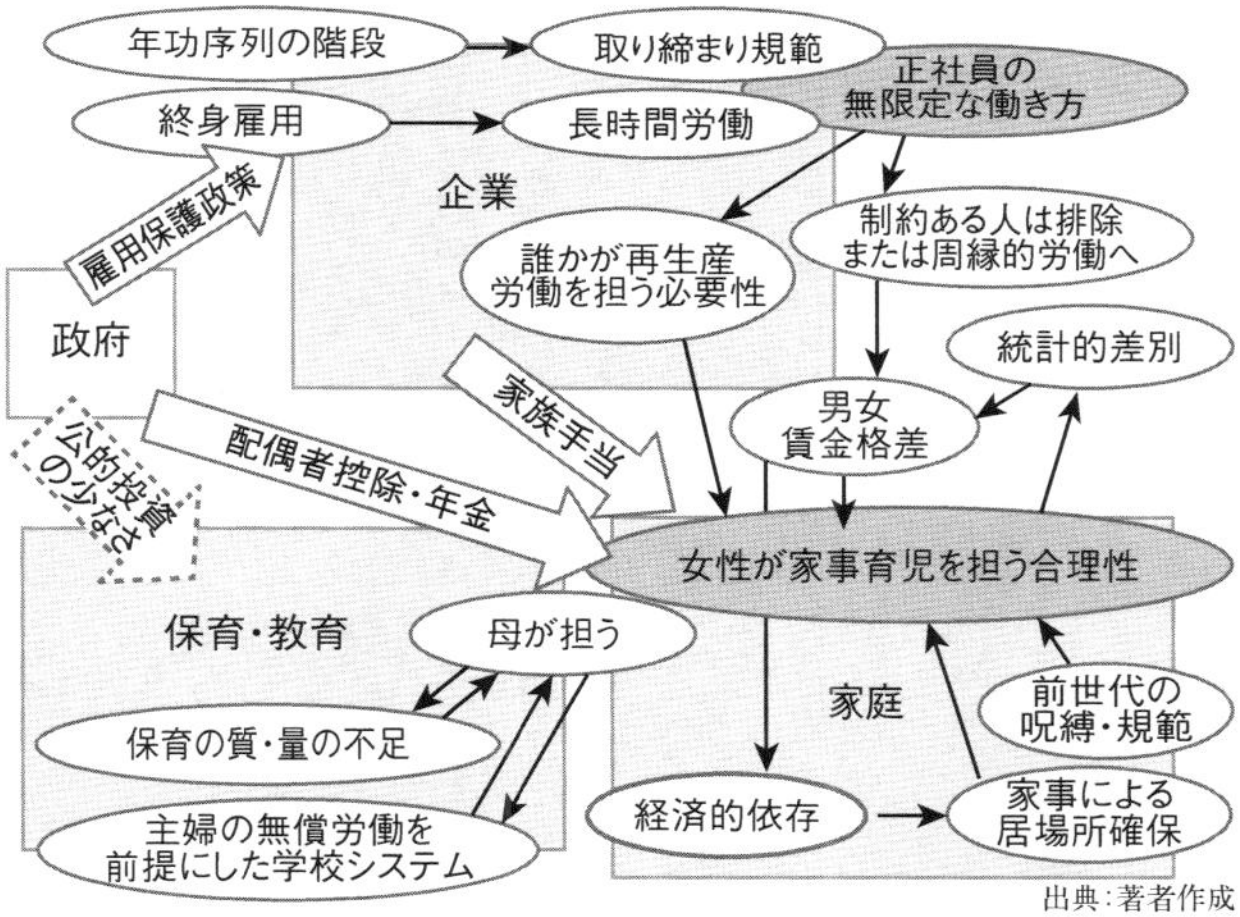

出典：著者作成

率がかつてないほど低くなった一九七五年頃のピークを挟みバブル崩壊までの数十年間のことだ。

近年、正社員になれない男性が増え、なれたとしても終身雇用の維持が年々難しくなり、扶養手当、家族手当を持たない企業も増え始めている。

非正規雇用が増え、教育を終えても就労できない層が出てきているにもかかわらず、相変わらず男性稼ぎ主規範や性別役割分業規範があるために、晩婚化や未婚化、少子化が発生。家族を形成しても、子どもに投入できるお金に差がつき、格差が生じ、セーフティネットの必要性が増している。ときに孤独な育児の延長にある虐待の問題や、長時間労働が様々にもたらす害悪も、もはや見逃せないものになっている。また、共働きをしなくては家計が成り立たない世帯も増えている。

にもかかわらず、企業側でも専業主婦が働き手を支えてくれるという前提の制度が残っている場合があるし、社会のOSはバージョンアップできていない。

「稼得責任は男性、家庭責任は女性」の限界

子どもの教育費を含む一家の家計を男性が一手に背負う、一方で家事育児を女性が一人でつきっきりで担う……。このことを前提にした社会を、企業の仕組みとしても、子育て制度の枠組みとしても、見直していく必要があるのではないか。

本書ではこのような社会構造が、実際の家族にどのような影響をもたらしているのか、個人への取材から描き出そうとしている。

第一部では今の子育て世代が抱えるしんどさと背景を概観した。第二部ではこうした「サラリーマンと専業主婦」を前提とした循環構造が実際にもたらしてきた現実とその原因について、第1章で仕事面、第2章で家事（家庭）面、第3章で育児（教育）面に分けて見ていく。第三部では多様化し流動化する働き方とともに、家庭でも出てきた変化の兆しを描く。

第二部　主婦がいないと回らない構造

第1章

主婦に依存する日本の会社

1 転職に踏み切れない、早く帰れない男性

専業主婦の妻がいることを前提にした働き方

専業主婦前提を引きずる日本の働き方は、今家庭に何をもたらしているのだろうか。

マスコミ系勤務のテルアキさん（40代半ば）の妻は専業主婦歴二〇年あまり。テルアキさん曰く、

「妻はバイトを少しやっていた時期があるのですが、外で働くのに向いていないんです。働きたいと言い出したこともないし、心身に不調をきたしそうだから僕も働いてほしいとも思わない。一方、子どもが生まれたときには『天職』『このために生まれてきたのかも』と言うくらい、家事や育児は向いているみたいです」

三人の娘を産み育て、テルアキさんの転勤にも帯同し、妻として母として役割を果たしている。

三人の子どもと妻を養うことに対し、テルアキさんは次のように話す。

「稼がなきゃ飢え死にだなと思うことはあるし、転職はしにくいかもしれないですね。一度、転職のお誘いを受けたことがあって、働き方を変えたくて検討もしたのですが、収入が落ちるので断念しました。ただ、もともと育った家庭が貧しくも楽しく、夫婦ともに贅沢をするタイプではないので、子どもは公立で慎ましく家族仲良く、楽しみは週末に家族そろってのお母さんのごちそうみたいな生活をしています」

一方で、職場では管理職の立場。若い世代には「奥さんが専業主婦なんて、すごいっすね」と言われるというが、自分たち夫婦はたまたま向き不向きで分業をしているだけ。しかも、自分のところは娘三人で、「かなり育てやすいタイプだったと思う」と振り返る。自分より上の世代の、専業主婦の妻がいることを前提にした働き方には疑問を感じるという。

「自分は妻と完全分業であることで、共働きの同僚に対してアドバンテージがあることは自覚しています。僕は仕事だけしていればいいので、楽だよな、と。子どものお迎えで早く帰りますという社員を不当に低く評価するオジサンもいて、そういう人たちは想像力がないし想像する気もないんだなと不快な気分になります。選択肢が限定されるような制度設計、慣行は少しずつでも変えていくべきだと思います」

稼ぎ主としての負担よりも「自分が死んだとき」のことが心配

より積極的に専業主婦を選択しているケースもある。「もともと妻は専業主婦志望で、それを前提に結婚したので」と話すのは、大手人材系企業社員のリョウタさん（36歳）。「稼ぎ続けなきゃという意識はある」ものの、プレッシャーは「そこまで感じない」。ただし、「生命保険はちゃんと入りました」「自分が死んだらどうなるということのほうが気になりますね」と家族をおもんぱかる。

リョウタさんも海外勤務経験者だが、専業主婦なら問題なく転勤に帯同できるというわけでもない。リョウタさんは妻の二人目出産直前に中国転勤となり、何年になるかが見込めなかったこと、大気汚染の心配があったことから、単身赴任で出発した。

日本にいても多忙で家事育児にはなかなか関われていなかった。妻はむしろリョウタさんの単身赴任中は実家に戻ることができ、親のサポートを得ながら子育てができて喜んでいたという。途中、何度か帯同してこないかと持ち掛けたが、妻に断られ結局、単身赴任は三年半に及んだ。「さみしかったですよ。通信機器がなかったら顔も忘れられていたのでは」とリョウタさん。

妻と完全分業をすることによって場所も時間も「無限定」にがむしゃらに働くスタイルが成り立つ一方、そのようなスタイルが家族を離れさせることにもつながっている。

育休が取れずやむをえず専業主婦に

妻が専業主婦になる理由は、積極的なものばかりではない。広告系企業に勤めるハルヒコさん（33歳）の妻は、非正規で事務職として働いていたが、昨年の第一子出産で、育休が取れず専業主婦に。「入社したときからわかっていたことではあったものの、妻は育休が取れれば働き続けたい気持ちはあった」と言う。

再就職をするには保育園を確保しないといけないが、そのためには働いている実態がないと加点がつかないことも多い。二人目を考えるとタイミングも計りづらい。

ハルヒコさんは「職場で『共働きじゃないと家計が大変じゃない？』と言われることはあります。（自分一人の稼ぎで一家を養う）大黒柱プレッシャーは、ないと言えばうそになる。でも、それよりも今の時代、専業主婦一人で子育てを抱えるのって、逆に大変なんだなと……。想像を軽く超えていました」と話す。何が大変なのか。

「平日は、お母さんが自分一人でコントロールできる時間がほぼゼロになってしまう。感覚的には育児に一人、家事に一人必要なぐらい子どもに手がかかります。都内で地縁のない土地に引っ越して住んでいるとコミュニティもなく、家事代行などの有料サービスは妻は心情的に使いづらいらしく、専業主婦の自分がなんでも抱えようとしてしまっているみたい」

ハルヒコさん自身は、掃除などは数日しなくてもいいとも思うが、「妻自身も、専業主婦だからある程度家はしっかりしていたいという意識が強そう」と言う。

共働きのほうが専業主婦家庭よりラクだと言うつもりはない。共働きでも夫は独身時代から変わらず長時間労働で、妻が仕事と育児の両方を担い、てんてこまいになっているという事例は、数多く取材してきた。また、共働きで「イクメン」になることを求められ、仕事と家庭の板挟みになる男性も多い。

とはいえ、とりわけ〇～二歳児を抱えて家の中でずっと過ごす専業主婦のストレスはやはりとても大きい。ハルヒコさんは次のように語る。

「妻も仕事をしていて保育園に預けられれば、少なくとも母親一人でコントロールできる時間は移動時間とかお昼とか、持てると思うんですよね。もちろん、共働きをしながらの育児で、子どもを十分見てあげられるかという問題はあるとは思うんですけど。『専業主婦』か『働くか』というより、リフレッシュする余裕を持ちながら子育てできる環境があったほうがいいだろうなと思います」

時間をコントロールできないことこそが主婦のつらさ

法曹関係で働くタケシさん（30代半ば）の妻は、第一子から第二子と続けて四年近くに及ぶ育休中だ。

夫の付き添いで海外から戻ったばかりで保育園に入れることが難しかった。幼稚園の延長保育の利用ができるか検討したが、第一子にやや発達の遅れが見られたため、断られた。

息子は手間がかかる分、かわいさもあり、「家で見てあげる」ことがいちばんと判断、妻はこのまま専業主婦になる可能性が高いという。

「自分の仕事がそこまで忙しくないときは午後八時くらいに家に帰って、子どもと一緒に寝て、朝三時に起きて仕事して、下の子が起きたら自分が下の子に朝ご飯をあげるなどして、妻の負担を減らそうとしていたのですが、案件が立て込んでいるときは難しい。ここ二週間は、九時出勤午前三時退社が続いていて、そうもいかず……」

午前三時まで働いていることについて「仕事の進め方には自己決定権があるのでそう負担には感じない」と話すタケシさんだが、「上の子が特性として非常に手がかかり、下の子もイヤイヤ期で夜泣きも激しい。子育ては自分のペースでできることはほとんどないので精神的には妻のほうがつらそうだなと思います」。

乳幼児を気軽に預けられる場所がなく、しかも子どもが二人以上になったり、子どもの特性などにより育てにくさが加わったりすると、専業主婦の妻たちはこちらが心配になってしまうほど過酷な状況になる。

ハルヒコさんやタケシさんは、「自分で時間や状況をコントロールできること」「自己決定できること」が、しんどいと感じるかどうかのカギだと理解している。しかし、妻のほうがつらそうだと思うのであれば、なんとかもう少し早く帰れないのか。

タケシさんは「妻は平日については諦めているみたいですね。その分、休日は私が事務所に子どもを連れて行って、子どもが昼寝している間に作業するとか。妻には自由な時間を持ってもらおうとしています……」。

一方ハルヒコさんは妻からは「ずっと、もう少し早く帰ってきてほしいと言われています」。子どもが生まれる前の退社時間は二三~二四時だった。最近、長時間労働是正の動きもあり少し早くなったとは言うが、「(子どもの夕飯や風呂を手伝える)一九時台に家にいられるかというとやはり厳しいです。何曜日は一九時に、とか決められるといいんでしょうけど、なかなか……」と歯切れが悪い。

平日は帰宅後に夕飯を食べ、皿洗いや洗濯ものを畳むなどの家事はしているというが、「こちらも疲れていると、奥さんにやってほしいなーと思ってしまうこともある」と語る。

長時間働いた後に家事ものしかかってくることに対する正直な感想ではあるが、ここでもかすかに残る違和感。それは、専業主婦だからつらそう、と言いつつ、そのつらい時間を目いっぱい引き延ばしてしまっている夫の働き方は、妻が専業主婦だからこそ成り立つものに見えるからだ。

大黒柱プレッシャーについて聞くと、「それほどでもない、むしろ自分が死んだときのほうが心配」と語る夫たち。妻のワンオペ育児がしんどいことを認識はしているが、産後うつや育児ノイローゼで自殺につながることまであるという危機感はあるだろうか。

預け先がない乳幼児のいる家庭では、妻が専業主婦だから長時間家を空けても大丈夫、ではなく、妻が専業主婦だからこそ夫たちは早く帰って妻の負担を軽減したり自由時間を確保したりする必要がある。

図6　長時間労働の割合・国際比較

(%)

2015年	合計	男性	女性
日本	20.8	29.5	9.5
アメリカ	16.4	—	—
イギリス	12.3	17.8	6.0
ドイツ	9.6	14.1	4.4
スウェーデン	7.3	10.1	4.2
韓国	32.0	37.6	24.5

出典：労働政策研究・研修機構「データブック国際労働比較2017」より抜粋、日本・総務省(2016.1)「労働力調査」、アメリカ：BLS(2016.1)LSF from the CPS, その他：ILOSTAT Database(http://www.ilo.org/ilostat/)2016年12月現在

※ここでいう長時間とは、ILOSTATの労働時間別就業者統計において、上記掲載国に共通する最長の区分である週49時間以上を指す。原則、全産業、就業者を対象。

男性こそがはまっているループ

日本の労働時間は、総労働時間を見れば非正規社員の頭数の増加に伴い減少しているが、正社員の男性の長時間労働傾向は依然としてあり、国際比較をしても明らかだ（図6）。

男性学の研究者、武蔵大学助教（当時）の田中俊之氏は対談本『不自由な男たち』の中で、男性たちはモテることと仕事での成功に対して競争して手に入れることを煽られており、住宅ローンなどの仕組みが男性たちを「辞めにくく」していると指摘する。

同対談相手のタレント・エッセイストの小島慶子氏は自身の父親の生き方を「人生最初

からそれ以外ありえない」というような砂漠の一本道であったのではないかとし、子どもたちには「一個の道を示すよりも、あれがダメならこうでもいいと考えられるように」なってほしいと語る。

平山亮『介護する息子たち』は、男性が私的領域で母親や妻に依存しているにもかかわらず、それを覆い隠して自立・自律した「男性性」を保持しているとする。男性が稼得役割に固執することは女性への支配の志向に他ならず、男性のほうこそが妻が夫の自分に経済的に従属する可能性を回避すべきではないかと論じている。

妻が働き始めようにも、夫の転勤に合わせたために、保育園が確保できず、共働きに戻れない。そして、テルアキさんのように働き方を改善しようと転職を検討しても、妻が専業主婦だからこそ、転職できない。残業代を含めた住宅ローンを組んでいて長時間労働をやめられない人や、転職を妻に反対される「嫁ブロック」に遭う人もいる。男性たちこそ、専業主婦前提社会のループにはまっていないか。

2 主婦を生み出す転勤の仕組み

専業主婦のサポート前提の転勤

日本のサラリーマンの働き方は「時間・場所・職務が無限定」だと言われる。その「場所の無限定性」、転勤が家族にもたらす影響についてみてみよう。

そもそも、転勤という仕組みは、家族の事情を踏まえず、また専業主婦がサポートすることを前提としている。労働政策研究・研修機構の濱口桂一郎氏は二〇一七年三月三日の『東洋経済オンライン』の記事、『女性活躍阻む「日本型転勤」はなぜ生まれたか』で、次のように述べる。

……どんな仕事にも、どんな職場にも配転されることが、解雇という最悪の事態を避けるための必要悪として労使双方により受け入れられ、やがて高度経済成長期には、必要性がどれほどあるのかわからなくても、定期的な配転が制度として確立し、妻や子どもたちを引き連れて全国を転勤することがごく当たり前の現象となりました。

高度成長期において、労働者とは男性であり、その妻は専業主婦かせいぜい小遣い稼ぎ程度のパート主婦であることが前提とされました。これはそれなりに合理的な社会制度であったといえましょう。

総合職として働いていれば、いつどこに転勤辞令が出ても、家族の状況がどうであれ、断れない。これが濱口氏の言う日本の「メンバーシップ型雇用」だ。従来、家族の状況を一切考慮せずにこのような働き方を成り立たせることができたのは、妻は専業主婦であるという前提があったからだ。

ところが、この合理性はとっくに崩壊し始めている。共働きが増える中、夫か妻どちらかの転勤により、これまで二人三脚で生活を回していた夫婦ほど、子育てを中心とする生活が成り立たなくなってしまう。

介護も従来は専業主婦である「嫁」の役目とされることが多かったのが、現役で働く男女が老親の介護に対応しようとすれば、転勤が即離職にもつながりかねない。

転勤を断ったらクビ？

従来、日本企業において転勤は、よほどの事情があっても断ることはできなかった。多くの会社が就業規則で「業務上必要がある場合に、労働者に対して就業する場所および従事する業務の変更を命ずること」があり、「労働者は正当な理由なくこれを拒むことはできない」と定めていた。

判例を見ても、家庭生活上の不便は「正当な理由」として認められてこなかったことがうかがえる。

たとえば、一九八六年東亜ペイント事件では「高齢の母と保育士の妻と二歳児を抱えた男性社員」の転勤、二〇〇〇年ケンウッド事件では「夫と共働きで三歳児を保育所に送り迎えしていた女性社員に、それを困難とする目黒区から八王子への異動」について、転勤を拒否したことを理由に懲戒解雇されても「通常甘受すべき程度を著しく超えるとまでは言えない」と判断されている。

しかし、法制度上も変化はある。二〇〇二年施行の改正育児・介護休業法で、事業主は「就業の場所の変更により就業しつつその子の養育又は家族の介護を行うことが困難となることとなる労働者がいるときは、当該労働者の子の養育又は家族の介護の状況に配慮しなければならない」と規定された。

具体的な配慮の内容としては、家族の状況を把握し、本人の意向もヒアリングすること、それでも転勤をする場合は子育てや介護のための代替手段があるか確認を行うこととなっている。

こうした変化を受けて、裁判も変わってきている。二〇〇四年明治図書出版事件では共働きの妻、重度のアトピー性皮膚炎で週二回都内の治療院に通っている子ども二人、将来介護の可能性がある両親がいることから大阪への転勤を辞退したい旨を申し出た社員に対し、会社側が転勤命令を所与のものとして押し付けるような態度を取ったことが改正育児介護休業法の趣旨に反するとして転勤命令が無効となっている。

二〇〇六年ネスレ日本事件では、母親が要介護2の認定を受けている社員や妻が精神病に罹患している社員に対する転勤を「配転命令権の濫用」とし、無効とすべきという判断も出ている。世の中は、転勤があっても断れるという空気に確実になりつつある。

労働政策研究・研修機構（ＪＩＬＰＴ）が二〇一六年に実施した調査によると「社員本人や家族の事情で転勤に関する配慮を申し出る制度や機会がある」という企業は八三・七％。

図7　過去3年間の転勤で家族などの事情は考慮されたか

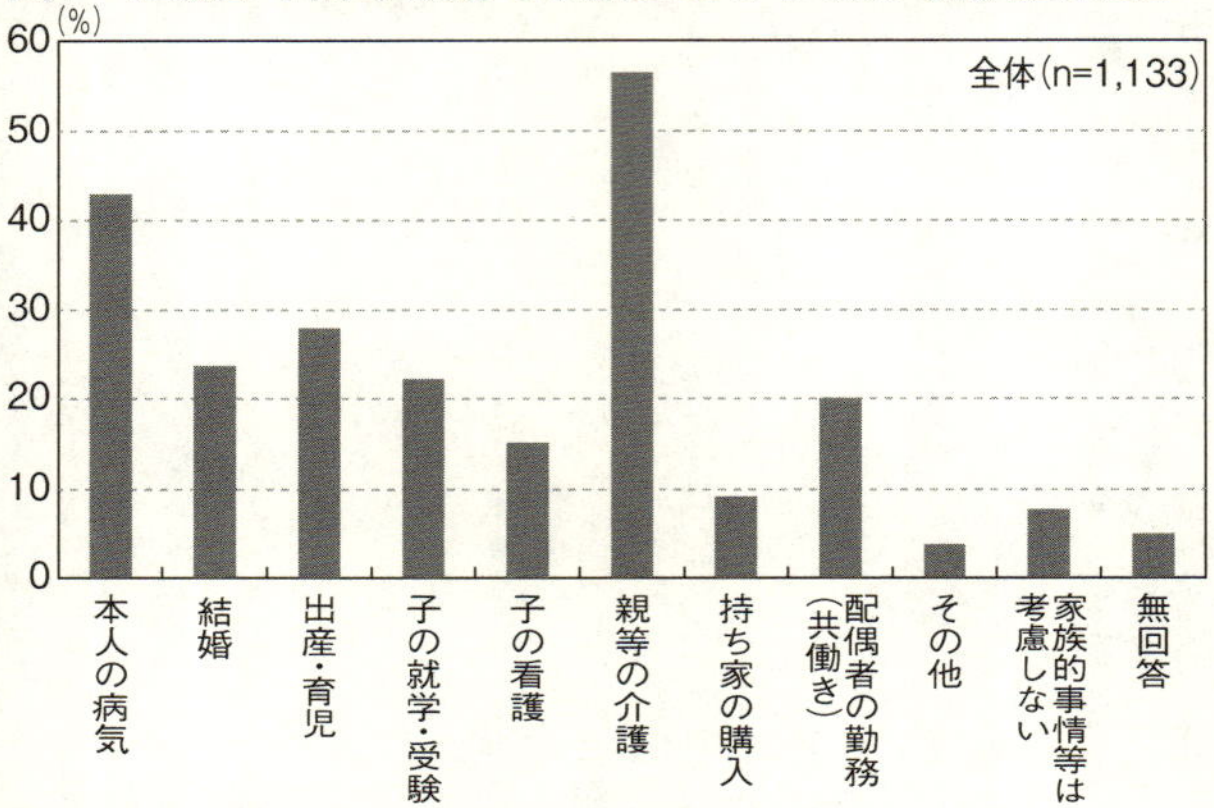

出典：労働政策研究・研修機構「企業転勤の実態に関する調査」(2017年)
※転勤がある企業(「正社員〈総合職〉のほとんどが転勤の可能性がある」と「正社員〈総合職〉でも転勤する者の範囲は限られている」)の合計を対象に集計。

配慮を求めている人に事前にヒアリングする企業が三八・九％、転勤対象者全員に対して行う企業が三七・二％。「有無を言わさずに転勤させる」という風潮は変わりつつある(図7)。

背景には、共働きが増え、専業主婦の妻に介護や育児を任せることができない家庭が増えていることもあるだろう。実際に考慮された家族の事情としては「親等の介護」「本人の病気」「出産・育児」などが挙げられる。

転勤で企業側が負担するコストは重く、赴任してから退職などされては痛手だ。かつてに比べれば雇用の流動性が増す中、企業側も「有無を言わさず」のリスクを感じているかもしれない。

ただし、転勤に配慮してもらうことはできても、その後の昇進などへの影響が出ている可能性は残る。転勤ができない社員に対する対応の究極形態が、地域限定正社員という枠組みだ。

地域限定正社員はなぜ解決策にならなかったのか

働き方や女性活躍の議論が盛んになった二〇一三〜一四年頃、取り沙汰されていたのが、転勤を希望しない人向けの「限定正社員」という枠組みだ。

ＪＩＬＰＴ調査では勤務地限定正社員の雇用区分を導入していると回答している企業は一五・八％。厚生労働省の「二〇一八年版 労働経済白書」では、限定正社員について大企業の半数近くが導入しており、仕事と育児や介護、病気療養との両立を目的にしている企業が多いとしている。

限定正社員制度については、当初から制度を設けることで、逆に「無限定」である通常の総合職社員は〝いつでもどこでも対応できる〟という「無限定性」がますます強まってしまうとの懸念があった。

総合職の働き方自体を見直そうという潮流において、グラデーションのように多様なケースが出てくる中で、限定と無限定の二分にするのが最適解なのかという疑問はあったのだ。

これに加え、実際に導入した企業からも難しさを指摘する声が出てきている。「二〇一八年版 労働経済白書」によれば、限定正社員側に、正社員との違いについて不満があるかを聞くと、三三・七％が不満と回答（正社員側の同制度に対する不満も一九・七％）。

限定正社員から見た不満の理由でいちばん多いのが、不合理な賃金差（五七％）。共有がしっかりとなされない情報が多い（三七％）、不合理な昇進スピードの差がある（三三％）なども指摘されている。

ある金融機関を取材したとき、賃金は本来九割になるように設定したのに、実際にはそれ以上に差がついているという声もあった。昇進や考課に差が出ているということだろう。

ＪＩＬＰＴでは勤務地限定正社員を導入した企業に、導入で生じたことを聞いている。そこでは「女性の採用がしやすくなった」（三二・九％）、「女性の勤続年数が延びた」（三一・五％）、「女性の離職者が減った」（二七・七％）などの回答が見られる。

プラスの効果としてとらえられる反面、裏を返せば、女性ばかりが限定正社員を選ぶことで、間接的に賃金格差や昇進格差を是認してしまうという可能性もある。

合理的な賃金差や昇進格差の難しさなどから、限定正社員制度を取り入れたものの廃止する企業、実質的にはあまり使っていない企業も出ている。

これは、一部の社員に対して転勤をなくすという方式ではなく、そもそもの転勤ルールを見直す必要があることの裏返しではないだろうか。

夫に帯同するため仕事を辞める妻

転勤の枠組みが変わらない結果、まだまだ転勤帯同で辞める女性は多い。ＪＩＬＰＴ調査によると、調査対象企業で、会社として既婚者が転勤する場合に「家族帯同が原則」としているのは二五・五％。

調査対象正社員のうち、直近の転勤時に家族帯同をしたのは国内転勤で四五・〇％、海外転勤で五二・五％。単身赴任確率は四〇代以上では過半数となり、家族形成期の二〇～三〇代では帯同するパターンのほうが多い。

仕事を続けたいのであれば、夫が単身赴任で行けばいいじゃないかという意見もあろうが、子どもが小さい場合など「ワンオペ育児（と仕事の両立）」との究極の選択を迫られてやむをえず、というケースも多い。

家族帯同に伴い、どれくらいの人が自分の仕事を離れているのか。同調査では男性の配偶

図8　もともと働いていた配偶者の転勤による離職割合

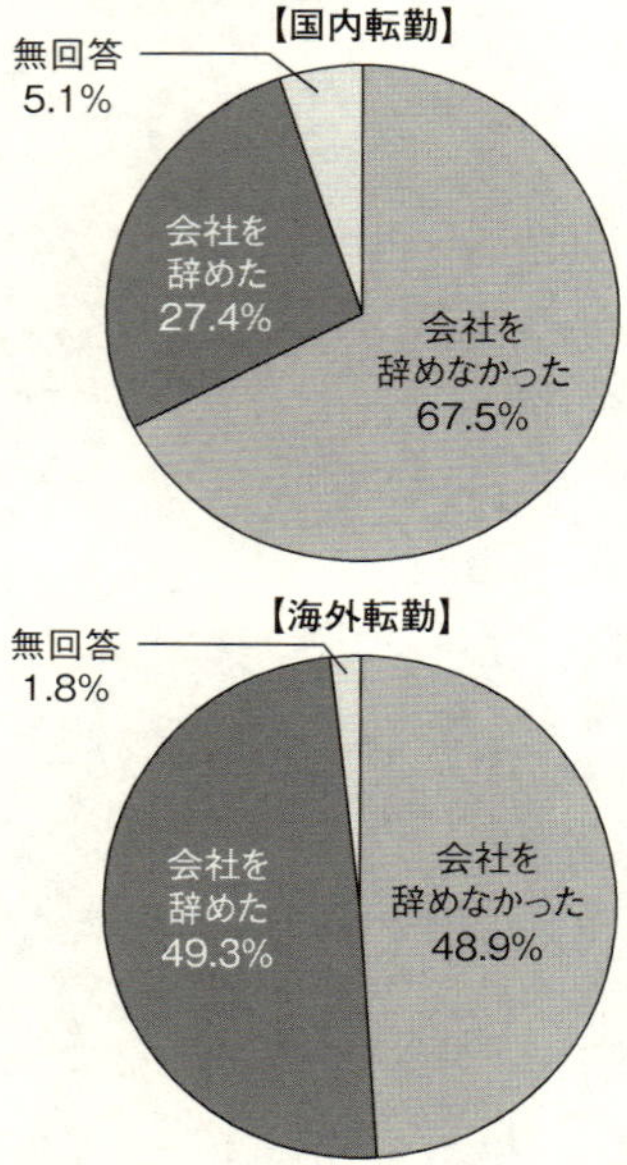

出典：労働政策研究・研修機構「企業転勤の実態に関する調査」（2017年）

者は四五%がもともと働いていなかったが、働いていたケースでも特に海外転勤の場合は半数程度が退職するなどして帯同している（図8）。

配偶者側の立場としても、企業側が配偶者の転勤を理由に退職した正社員が過去三年間で「いる」と答えた企業は三三・八%。女性社員の数が多いほどこの割合は上がる。つまり、女性社員を社内外の夫の転勤により失っている企業は多い。

これは企業内の女性活躍にダイレクトに水を差すほか、「女性は辞めやすい」といった統計的差別につながり、女性への成長機会を減らすことにもなりかねない。

共働きが増え、女性側も転勤が発生していく中で、「転勤→配偶者が辞める」という状況に企業は手立てを講じられているだろうか。

配偶者帯同休職制度ができても……

二〇一八年七月、一般事務のルミさん（32歳）は家族とともに米国に旅立った。夫が二年間大学院に通うため、職場で帯同休暇を取り、二年後には復帰する予定だ。今回も二年間を有効に使って、戻ってから職場に貢献したいと考えている。

ただ、不安もある。「今回は二年とわかっているのでいいのですが、今後夫に期間の読めない駐在の可能性があるので、そのときについては不安です。何回も休職ができるのか、期間が一定期間を超えたら帰国するか退職するか選ばないといけないのか……」。

配偶者が転勤した場合に、休職や一度退職した後に再雇用できる仕組みを設ける企業も出てきている。ＪＩＬＰＴの調査では、配偶者が転勤している間、休職を認める制度がある企業は三・九％。配偶者の転勤等で一度退職した社員が戻ってきたときに再雇用する制度がある企業は一〇・六％。

まだまだ少ないとはいえ、人手不足の中で、企業の勝手を知った人材が別の地域での生活経験も経たうえで戻ってきてくれれば、企業にとっても活躍してもらわない手はない。ただ、制度があっても退職を防ぎきれない実態もある。

航空会社に勤めていたマキコさん（29歳）は、二〇一八年に六年間勤めた会社を退職した。三年前に、夫のシンガポール転勤が決まり、赴任先の支店への異動の希望を出したものの、かなわず会社を休職し、帯同。休職中に二人目の子を授かったため、育児休職に切り替えた。

ところが、帯同休職と育休を合わせても最大四年の休職期限が迫るなか、夫の滞在は長引く見通しに。もともとマキコさん自身が長期で海外を飛び回る仕事。「自分だけで子ども二人を連れて帰国して、元の出張だらけの仕事に戻れる気がしない……」。

帯同休職制度はありがたかったし、マキコさん自身当初は戻るつもりだった。こうして休職制度があっても、結果的に退職を選ぶ人も珍しくない。

企業側も無尽蔵に休職を拡大できない。夫の会社側での転勤の期間の上限や回数が読めない中で、もともとの仕事の特性や保活が「夫に単身赴任してもらって母子で帰国し、仕事に復帰する」をためらわせる。

再雇用制度、保活がネック

再雇用についても同様だ。会社を辞めて夫の転勤先の東南アジアに帯同しているアイさん（40歳）は、元の勤め先に再雇用制度はあるものの、「使いにくい側面がある」と話す。

「復職の時期が人事異動のタイミングがある時期に限られており、数カ月前に申請し、面接をして、再雇用されるかどうか決まるのが復職の直前なんです。小さい子どもがいる場合、いちばん入りやすい四月入園を目指そうとすれば一二月に認可保育園に申し込む必要があります。でもそのときには求職者扱いとなって（保育園の入園審査に必要な）ポイントが減ってしまい、保活を乗り切れるか心配です」

企業が契約している託児所もあるが、育休からの復帰者が優先となり、再雇用の人にはハードルが高い。アイさんは、保育園対策のために〇歳児の時点で帰国するかどうか迷ったという。

「復職のタイミングを柔軟にする、プロセスももっと短くする、あるいは早くに復職内定を出す、会社提携保育園の枠は育休復帰者も再雇用内定者も同様に扱う……などと改善してくれたら、だいぶ使いやすくなると思います」

再雇用の場合、通常は退職金やそれまでの業務に対する評価がすべてリセットされるほか、入社後しばらくは契約社員などの形態で待遇が正社員と異なるなどのケースもあり、デメリットが大きいと考える女性もいる。

企業側には休職や帯同を「ワガママ」と見る向きもある。実際にはもともと企業文化になじんでいた社員であれば多少のブランクがあれども即戦力になりやすいうえ、海外でマイノリティとして暮らした経験などは企業に新たな視点を持ち込んでくれることもあるだろう。

しかし、育休などに対する見方も同じだが、その時期に「滅私奉公的」に働いていた人からは「制度に乗っかっている」という見方がなくならない。そもそも、何のための制度なのか、企業として人材確保のために有効だと思うのであれば、それを選びやすいようにしたらいいはずだ。

妻は夫のケアをする存在？

海外転勤に帯同した先で、リモートワークや現地採用などさまざまな形で何とかキャリアを継続させたいという女性も増えている。

ところが、夫の会社がこれを阻む事例が後を絶たない。理由は、「前例がなく、原則認めていない」「禁止はできないが推奨はしていない」「自力ですべて賄うなら構わないが、そのように伝えるとそれでもやりたいという事例はこれまでにない」といったもの。

法的には「職業選択の自由」に反する可能性が高いが、帯同家族分の渡航費用や生活費の補助を出している企業が多いなどの理由もあり、暗黙のルール的に「NG」とされているケースが多い。

本来、保険や、渡航費などを自身で解決できれば、夫の会社が「妻の就労ブロック」をする権利はないはずだ。配偶者の就労は「原則禁止」としている企業が、自身でビザや保険の手配をすればOKという但し書きを入れてくれれば、企業の人事側も働きたい妻たちも逐一模索や交渉をしなくて済む。

ただ、本当の課題は制度だけではないかもしれない。

シンガポールに帯同してきた駐在妻アスカさん（30代前半）も、「夫の会社による妻の就労ブロック」を受けた一人だ。夫自身も「うちの会社に迷惑かかったらどうするの」と否定的。「どんな迷惑を想定しているんですかね？」と聞くと、次のように語った。

「結局のところ、異国の地に転勤してきて、出張も多い夫を妻はサポートすべきという観念が強いんだと思います。妻が働くことによって、子どもや夫のケアができなくなったらどうするの？　ということなんじゃないかと」

確かに、国によってそもそも帯同ビザでは働けないケースや、安全性の確保が難しいと考えられる場合もある。企業側に言い分を聞くと、シンガポールのようにこれらの基準がクリアできている国があっても「その国だけ認めると不公平だから」「多くは働きたいと思っていない奥さんばかりだから」という声が出てくる。

ただ、国によって状況が大きく異なり、社内の「公平感」ばかり気にしていられないのがグローバル人事だ。日本の論理を引きずらずに、最適な対応をしていかなくては人材も引き留められなくなる。

全体として自社の社員の配偶者が働いていることを前提とした仕組みを導入する企業が増えていけば、自社が配偶者を雇っている立場として助かるということにもなる。ワークライフバランスに配慮した取引慣行、雇用慣行を作っていくことで、循環構造を逆向きに回していかなければならない。

3 「パート主婦」はなぜ値切られるのか

主婦の仕事は大半がパート

専業主婦世帯が六〇〇万世帯となり、共働き世帯がその割合を増やしている。とは言っても、その共働きの内実は「夫は仕事、妻は仕事と家事育児」という新・性別役割分担のケースが大半だ。二〇一八年度の労働力調査を分析すると、結婚している一五〜六四歳の女性で雇用されているのは一四一五万人。そのうち、六〇％に当たる八四五万人が非正規雇用者で、正規雇用者は三七％で五二九万人。有配偶女性の中では非正規雇用＞専業主婦＞正社員という人数構成比になっている。

子育て中の世代の内実はどうか。厚生労働省「二一世紀出生児縦断調査」によれば、平成二二年に生まれた子の母親で出産一年前に常勤だった母が三八％いたものの、出産半年後で全体の二五・二％に減少。平成一三年出生時に比べればこの減少幅は改善している（図9）。その後、第七回調査で子どもが小学一年生になると有業率は出産一年前を越すまで回復するのだが、内訳を見ると、常勤割合は微増にとどまり、再就職しているケースは大半がパート・アルバイトであることがわかる。

日本では、高学歴主婦が多い、つまり大卒以上で男女の就労率の差が大きく、大卒女性が就労しない割合が欧米に比べて大きいという傾向が、かねてより指摘されてきた。

主な要因として、たとえば白波瀬佐和子『日本の不平等を考える』では高学歴を取得して

図9　出産後の再就職はパート・アルバイトが大半

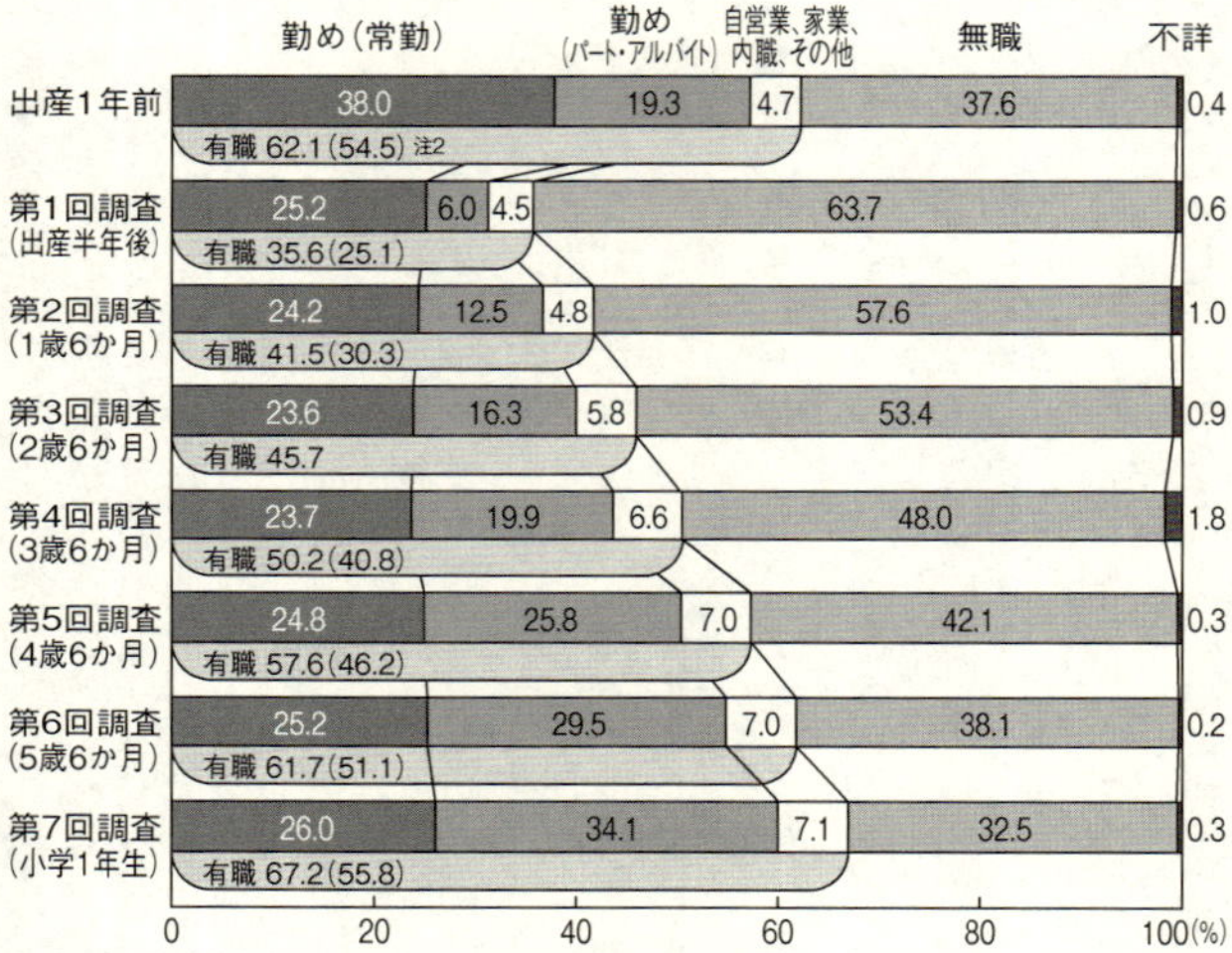

出典：厚生労働省「21世紀出生児縦断調査」第7回（平成29年）
注：1）平成22年出生時の第1回調査から第7回調査まですべて回答を得た者のうち、ずっと「母と同居」の者（総数22,023）を集計。
2）（　）内の数値は、平成13年出生児の第1回調査から第7回調査まですべて回答を得た者のうち、ずっと「母と同居」の者（総数33,266）を集計したものである。なお、平成13年出生児の第3回調査では母の就業状況を調査していない。

もそれに見合う就業機会、昇進機会がないことを挙げている。

大沢真知子『21世紀の女性と仕事』は、日本では企業内でさまざまなスキルを身につけながら昇進していく内部労働市場が発達した反面、外部労働市場が発達しておらず、過去の仕事の経験を生かせる仕事に就きにくい構造ができていることを指摘する。

つまり、高処遇の仕事は拘束性が強いかわりに家族責任を持たない正社員に割りふられ、そこから一度外れた人は学歴と、処遇や仕事内容のギャップに直面しやすい。これに加え、夫の収入が十分であれば再就職を諦め、専業主婦化する要因にもなっている。

実際に再就職しパートとして働いている人に話を聞くと、働ける時間が限定されることで選択肢が限られることから、まったく違う業界に飛び込み、新人さながらに四苦八苦している人も多い。

中には「若い人に『こんなことも知らないの？』と言われる」「『サポート業務だけしてくれればいいよ』といった態度を取られる」などの経験に憤慨している人もいた。

自分のそれまでの経歴がまったく評価されない、あるいは経歴を生かした成果を出せていてもそれに見合った待遇を受けられない。パートであるというだけの理由で賃金が低く、格下に見られる。それでも彼女たちが強く出られないのは制約があるからだ。子どもが学校から帰ってくる時間内での仕事をしたいから。長期休みに対応してもらえるのはありがたいから。

子育てなどを他の人に頼むことができれば働く時間は延ばせるかもしれない。しかし、鶏と卵ではあるが、待遇が低いと、子育てや家事の一部を外注して時間を捻出しようという気にもなりにくい。

主婦は「家計補助」としか思われていない

なぜ主婦の時給は低いのだろうか。働き方改革の一連の法整備で、同一労働同一賃金の問題も取り沙汰されているが、そもそも女性の雇用者のうち半数近くは非正規労働者であり、日本は正規と非正規の賃金格差が大きい（図10）。

労働政策に詳しい研究者である濱口桂一郎氏は、たとえば失業保険について一九五〇年の「通達」で、非正規については「臨時内職的に雇用されるもの、例へば家庭の婦女子、アルバイト学生等であって」「即ち家計補助的、又は学資の一部を賄うにすぎないもの」は「労働者と認めがたく、又失業者となるおそれがな」いので、「失業保険の被保険者としないこと」と定められていたと述べる。

二〇一〇年改正でようやく適用が条件つきで拡大されているが、もともと非正規雇用というものが、正社員の夫や親の稼ぎがあることを前提にした主婦か学生の小遣い稼ぎにすぎず、保護する必要がない立場とされていたことがわかる。

企業は正社員を解雇しにくい反面で、これら非正規労働を調整弁として利用してきた。

佐口和郎『雇用システム論』では、正規雇用中心主義として正社員の高い処遇を維持しよ

図10　フルタイム労働者に対するパートタイム労働者の賃金水準

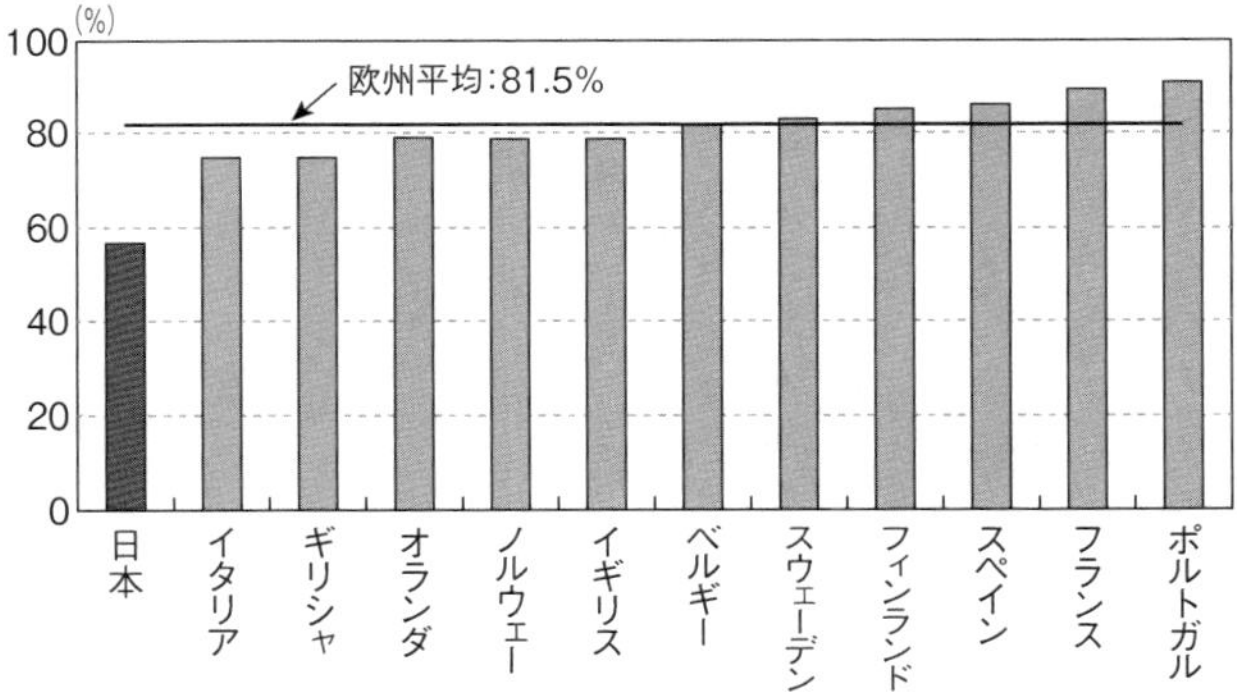

出典:内閣府「平成27年度年次経済財政報告」より。厚生労働省「賃金構造基本統計調査」、Eurostat、OECD"Employment Outlook 2014"、総務省「就業構造基本調査」により作成
※日本は2007年に非正規雇用であった者のうち、2012年に正規雇用になった者の割合。日本以外の国については、原則として2008年に有期雇用であった者のうち、2011年に無期雇用となった者の割合。フランス、ギリシャ、スウェーデン、英国は2007年から2010年の数値。ノルウェーは2006年から2009年の数値。

うとする結果、拘束性の低い非正規労働が一定程度必要となり、同質の仕事をしていたとしても雇用形態間の処遇格差をもたらしてきたと指摘している。その賃金格差を説明するのが補償賃金仮説、つまり家庭内活動のしやすさでディスカウントされるという考え方だ。

　しかし、実際に賃金が低すぎることは貧困問題にもつながっている。周燕飛氏（労働政策研究・研修機構）は経済産業研究所（RIETI）のレポート「専業主婦世帯の貧困：その実態と要因」で、専業主婦世帯の一二％にあたる五五万六〇〇〇世帯が貧困世帯だとし、そのうち九割が働きたいと思っているにもかかわらず、働けていないと指摘。理由は、働いて得られる賃金が低いことと、保育園の待機児童などの悪条件が重なっていること。

非婚化、離婚の増加、正社員雇用の減少などで、女性の世帯主や、男性の非正規雇用も増え、状況は大きく変わっている。従来の仕組みでは生活できない人が多くなっている。正社員の既得権をおびやかす議論になりかねないため反発は必至だが、世帯主が養うことを前提とした仕組みを見直さなければならない。

税・社会保障もネックに

所得税の配偶者控除や社会保障制度も、賃金格差に影響を及ぼしている。

二〇一七年の就業構造基本調査によるとパート労働者ら非正規社員のうち、勤務時間を短くするなど就業調整をしている人は男性で一四・二%、女性で三一・七%だった。

就業調整する非正規社員を年収別に見ると、五〇万～九九万円の人が四九・六%、一〇〇万～一四九万円の人が三二・九%を占めた。

配偶者控除は、妻の年収が一〇三万円以下の場合、妻は所得税を払う必要がなく、夫の課税対象所得から三八万円を控除できるというものだ。平成三〇年分以降は夫の年収が一〇〇〇万円を下回ることが条件に加わったほか、一五〇万円まで段階的に控除額が引き下げられるようになっているが、これが政策的に最低賃金の押し下げ効果になってきたということは過去、厚生労働省のレポートなどでも認められている。

また、年収が一三〇万円（二〇一六年一〇月から従業員数が五〇一人以上の事業所では一〇六万円）を超えると夫の扶養を外れ、厚生年金や健康保険などの社会保険に自分で加入する対象となり、社会保険料を負担する必要性が生じる。

これについて、大和総研の是枝俊悟研究員らは、大和総研調査季報二〇一三年新春号「女性をとりまく社会保障制度と税制」で年収一三〇万円以上、二〇〇万円程度までの年収で就業抑制的な制度になっていると指摘する。

妻の年収が一三〇万円を超えると自身の社会保険料負担が発生するので、一二九万円の収入があったときに比べて手取りが減少する「逆転現象」が起こる。一二九万円のときの手取りと同等に受け取るには一五五万円程度まで年収を増やす必要があるというのだ。

政府は少しずつ見直しを進めているが、企業の中には以前の基準をベースに扶養手当を出しているケースもあり、就労抑制や賃金下降圧力につながっている。

パートの賃金を上げていくには、働く時間が短い人とそうでない人が同じ仕事をした場合に、同じように評価される「同一労働同一賃金」も進めていく必要がある。

もちろん正社員が背負っているものの大きさはあるので、たとえば週三回しか働けないのであれば、週五日働いている正社員の五分の三出すべき、まったく同じ待遇にしてくれとは言わない。そしてブランクが実際に業務に影響を及ぼしているのであれば、スキルを身につけるまでの試用期間は低賃金でもいいかもしれない。

でも、成果が出せたらそれなりに評価してもらえるという展望があれば、働く側も努力するだろう。

価値を上げ、その対価を得ることができれば、企業にとっても働き手にとってもプラスの関係を築くことだってできる。それがなければ「どうせこれくらいの時給しかもらっていないんだから」と、効率を上げるインセンティブも湧かない。

日本人女性の平均賃金は男性の七割程度

日本はジェンダーギャップ指数で二〇一八年に一四九カ国中一一〇位になるなど国際比較上、女性に不利な国であることが知られている。こうした国際比較で順位が上がらない理由の一つとして、賃金格差がある。

図11　なかなか縮まらない男女の賃金格差

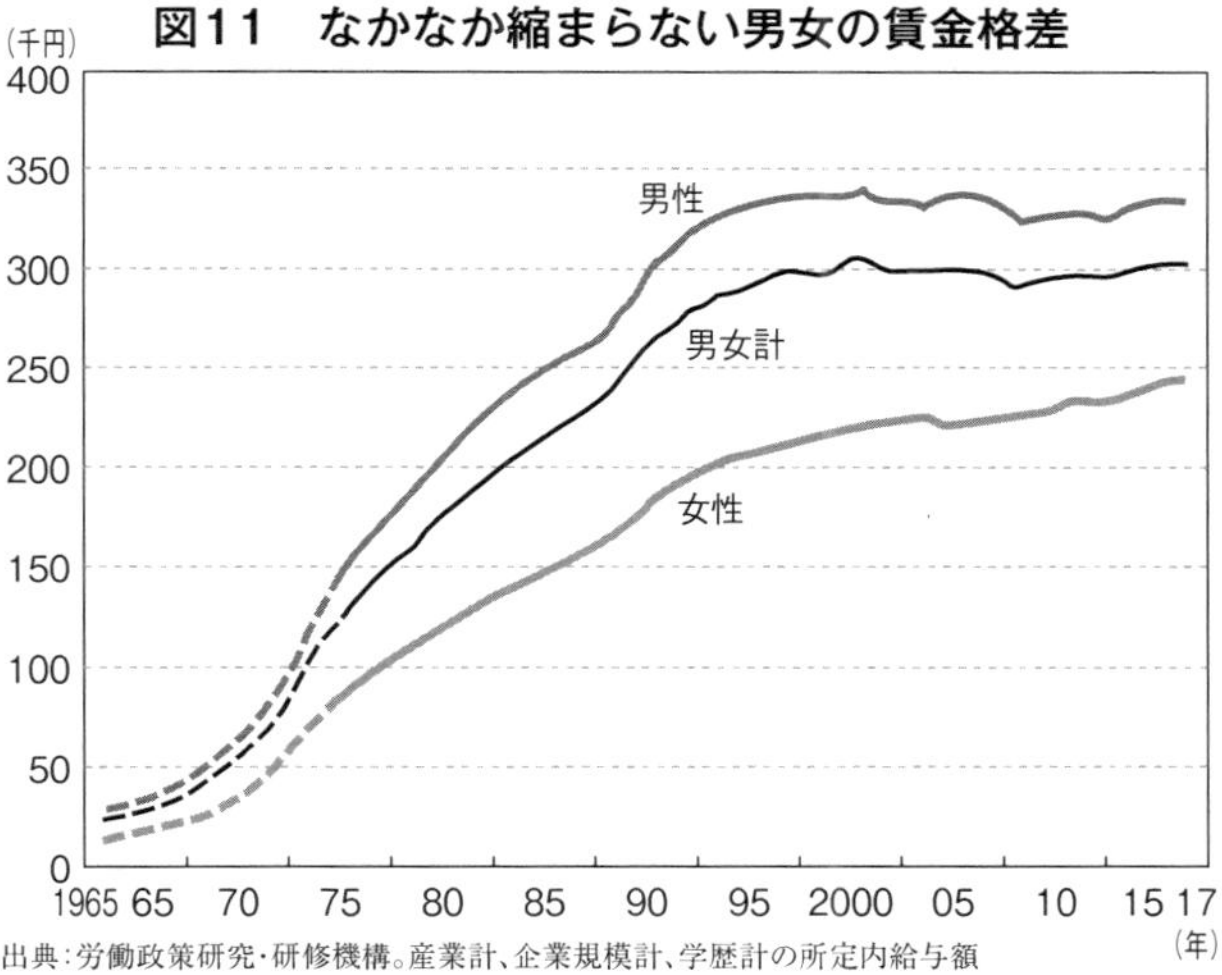

出典：労働政策研究・研修機構。産業計、企業規模計、学歴計の所定内給与額

山口一男『働き方の男女不平等』は、雇用形態内格差と雇用形態間格差の二重の不利益を受けていると指摘している。まず、パートタイム勤務者を除いても女性の平均賃金は男性の七割程度にとどまる（図11）。フルタイム正社員の間でも、長時間労働ができない場合は一般職とするなどの間接差別があり賃金差が大きいのだ。

そして、そもそもフルタイム正社員になれる割合が女性は低く、賃金が低い雇用形態に女性が圧倒的に多い。これらが賃金格差につながっているということだ。これは家庭での力関係とやはり切り離して考えることはできない。

一時期、読売新聞の「人生相談」というコ

ーナーを毎日読んでいたところ、多くの中高年女性からの相談が「夫と離婚したい」であった。そして誰が回答をしても、アドバイスはほぼ「まずは経済的自立の確保を」というものだった。でも、そのときになって再就職するのが難しい社会では、これは実現困難な、酷なアドバイスかもしれない。

きちんと男女の賃金格差を縮めていくことは、「女性が家庭責任を一手に引き受けること」に合理性を与えてしまっている状況を改善するためにも重要だ。

日本人男性の家事・育児時間は国際的にも少ない。その要因としては、会社での労働時間が長すぎることなどが論じられている。

しかし、自分のほうが稼いでいることを理由に女性に家事を期待する夫も多く、女性側も収入が低いことから「自分がやらなくちゃ」「自分はそこ（家事育児）で価値を出している」と思おうとする面もある。交渉力を上げていくには、やはり子どもがいても女性の収入がきちんと上がっていくことが必要だろう。

もちろん、その役割分担がお互いにしっくりきている家庭までも変えるべきとは言わない。人生の一時期、それぞれの役割があったり、それが入れ替わったりすることもあるだろう。

しかし「男性が稼ぎ主、女性は家庭」の役割分担を解除していくには、間接差別の禁止や男性を含む全体の働き方改革をしたうえで同一労働同一賃金を実現し、女性の収入アップや経済的自立の確保につなげていくことが必須だ。それがない限り、女性たちは夫に抗議できず、家庭内でも弱い立場に置かれやすいという構造は断ち切れない。

職場でも男性が長めに働き、女性はサポート的な役回りという構造をこわせなければ、働き方改革も中途半端になり、潜在能力を生かした人材活用もままならないだろう。

第2章

専業でないとこなせない？　日本の家事

1 高度化する家事

専業主婦の「片付いてない」は信じてはいけない

ママ友として専業主婦の友達がたくさんできて、学んだことがある。

「今日ちょっと片付いてなくて」

「ささやかに子どものパーティを開くの。本当に簡単にね」

「あまりもてなせないけど」

これらの言葉は信じてはいけない。

「ちょっと」「ささやか」「簡単に」「あまり」のレベルが全然違う。私が「片付いていない」と言ったら本当に片付いていないし、「もてなせない」と言ったら本当に麦茶くらいしか出せない。

でもこれまで専業主婦のご自宅にお邪魔して、これが本当に子どもがいる家庭か、というケースに遭遇したのは一度や二度ではない。ホテルか、と思うくらい洗面所から何から何までピカピカ。もてなすものがなかったはずが、淹《い》れたてのコーヒー、お菓子、果物、と次々出てくる、出てくる……。

子どもの誕生日パーティは特にすごい。飾り付けから手作りカップケーキ、子どもが楽しめる催し、お礼のお土産。イベントコーディネーターが務まりそうなこのマネジメント力、仕事として生かせるのではないかと余計な感想を抱く。

ただあの高水準な家事力が日常のスタンダードになってしまうと、つらいだろうなと思う。そして最近感じるのは、共働きでも、外部の力（家事代行など）を使わずに、この「日本の専業主婦力」水準を目指し、時に実現している驚愕家庭があるということ。いや、すばらしいとは思うけど、それ、あまりに頑張りすぎじゃない？

どうしてどんどん豪華になるのか

どうして、このように家事水準は果てしなく高くなってしまうのだろうか。佐光紀子『「家事のしすぎ」が日本を滅ぼす』は、毎日掃除をする家庭、毎食食器を洗う家庭が国際比較上でも日本は多いことを取り上げ、「誰も来ないとしても」「きちんと」しておくことが浸透していることを指摘している。

これは、佐光氏が指摘するよう、一つは「親世代からの水準の引継ぎ」が原因であると考えられる。

私の知り合いのあるワーキングマザーは、夫共々フルタイムで仕事をしながら二人の子どもを育てているにもかかわらず、専業主婦だった母親に、毎日掃除機だけではなく雑巾がけもするように言われ、それを守り続けているという。実母の呪縛というのは内面化されるから、直接監視されなくても「やらないと罪悪感みたいなものが出てくる」。

これに加えて、誕生日パーティのような「もてなし」ものは、呼ばれたパーティが豪華だと、自身が招く際も水準を上げねば、となりがちだ。

佐光氏もSNSなどの影響を指摘しているが、承認欲求の現れという側面もあるかもしれない。家事という普段あまり評価されない仕事をしている中で、キャラ弁、パーティなど「インスタ映え」する家事の水準が上がっているのでは——。

機器の導入も「自分でやる」ことを増やしている

実は、家事の水準が上がり「主婦が暇にならない」現象については、万国共通の長期の傾向として長らく指摘されている。工業化以降、さまざまな家電が発明され、便利になっているにもかかわらず、家事時間は大して減っていない。この現象は、技術革新がむしろ家事量を増やしているように見える「家事時間のパラドックス」として国内外で社会学者らが研究している。

ルース・シュウォーツ・コーワン『お母さんは忙しくなるばかり―家事労働とテクノロジーの社会史』は一九世紀以来の工業化にもかかわらず主婦の負担が減っていないことについて、屠殺《とさつ》、木材の調達とまき割り、水汲みなど主に男性や子どもがかかわっていたチョア（日常のつらい労働）がなくなり、主婦のチョアは家庭に残ったという議論を展開している。

缶詰や既製服、医薬品などは商品化され、自宅で作る必要がなくなった。一方で行商人や御用聞きが訪問するスタイルから、こうした商品を買いに出かけ、医者に子どもたちを連れて行くのは女性の仕事となったとコーワンは論じる。

二〇世紀のさまざまな機器の導入も「自分でやる」ことを増やしているという。一九二〇年代には豊かな階層では住み込み家事使用人や洗濯女、学生の手伝いなどがいたが、世界恐慌や工場労働の増加でこうした家事労働者は供給が不足。一九四〇年ごろにはせっけん会社の宣伝などもあり清潔に保つ意識が広がる。

一九六〇年代までには最低生活の基準が飛躍的に上がり、一九八〇年代までには水道、バスルーム、冷蔵庫、洗濯機などが導入され、ガスや電気を使った炊事が普及。階層にかかわらず家事労働が標準化される。しかし、コーワンは、こうした技術もすべて、女性が家庭に残っていることを前提としていたとする。

最近でも食洗機や乾燥機などが共働き家庭の必需品と言われているが、食器類を食洗機に入れる前にご飯粒を落とす手間だとか、ロボット掃除機が走れるくらいに床を片付けるのは家族の中の誰かの役割として残っていないだろうか。

日本でも品田知美『家事と家族の日常生活──主婦はなぜ暇にならなかったのか』の調査で、大きく家事時間が減ったのは裁縫くらいで、長期の傾向として家事時間は減っていないことが指摘されている。

日本で明治末期頃から昭和四〇年代にかけて普及した「ちゃぶ台」が登場する前は、各自の「箱膳」があり、食後に茶を注いで飲み干したり、布でぬぐったりするだけで格納し、食器を「洗う」のは数日に一回だったという。

長い目で見れば、技術が発達するにつれ、実現できる家事の水準が上がり、それにつれてレベルも上がっていることがうかがえる。

子育てについては次章で取り上げるが、品田氏は先進国共通で一九七〇年代以降、水準が上がっていると指摘する。各国内での階層格差などはあろうが、母親たちの仕事への参入にもかかわらず、親たちは子育てにかける時間を増やし続けているというのだ。

家事代行を頼むハードルは「世間体」

日本人女性の家事レベルは異常に高い。しかもそれを自分でやらないといけない感はすさまじい。「平成二八年（二〇一六年）社会生活基本調査」によれば、日本人の六歳未満の子どもを持つ夫婦の一週間の家事などの時間（育児含む）は、男性が一・二三時間で、女性の七・三四時間と大きく差が開いている（図12）。

アメリカでは男性が三・一〇時間、女性が五・四〇時間で、差はあるものの日本ほどではない。女性活躍がうたわれても、男性の家庭進出はままならず、女性が外で働きながら、家事も育児も手掛けているのが日本の実態だ。

夫の家事参加が見込みにくければ、外部の家事代行サービスを利用する動きはどうか。経済産業省「平成二六年度女性の活躍推進のための家事支援サービスに関する調査」によれば、二五〜四四歳の女性のアンケート対象者のうち、家事支援サービスは「現在利用している」がわずか一％、「過去利用したことがある」が二％。二七％はそもそも「サービスを知

図12　6歳未満の子を持つ夫婦の家事・育児時間（1日当たり）

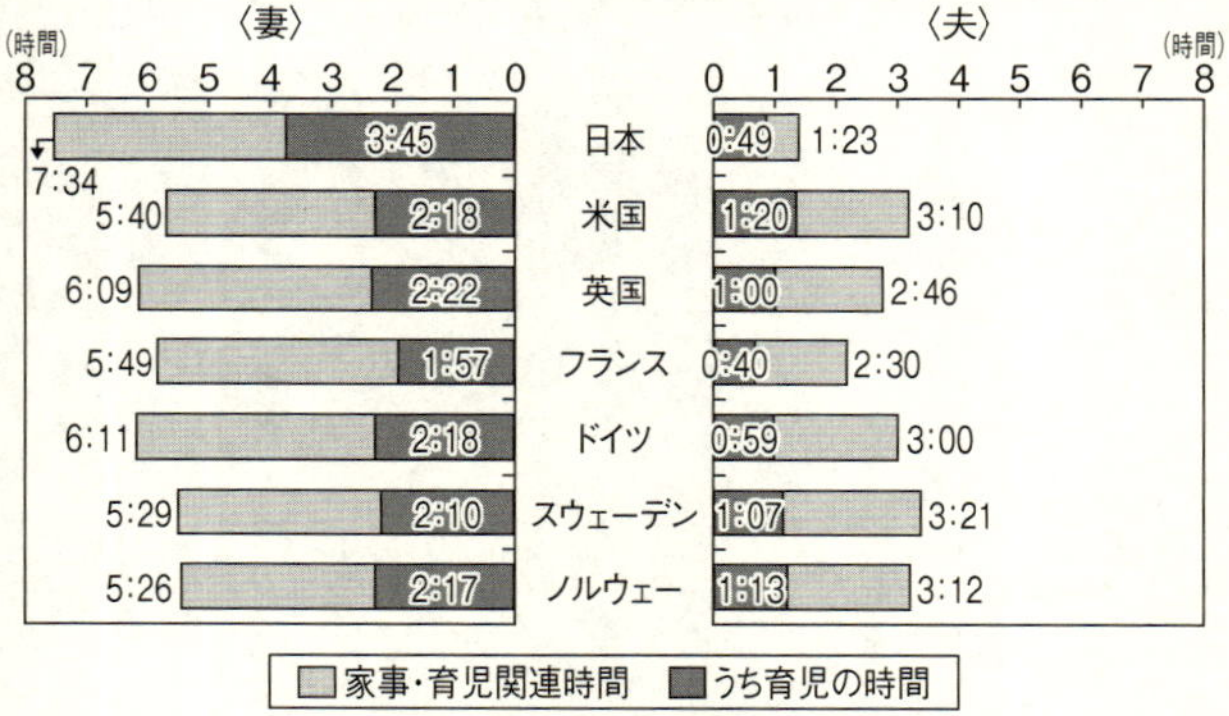

出典：内閣府資料：総務省「社会生活基本調査」（平成28年）、Bureau of Lavor Statistics of the U.S.“American time Use Survey”(2016)及び Eurostat “How Europeans Spend Their Time Everyday Life of Women and Men”(2004) より作成

※日本の値は、「夫婦と子どもの世帯」に限定した夫と妻の1日当たりの「家事」、「介護・看護」、「育児」及び「買い物」の合計時間（週全体平均）。

らない」だった（一番多いのは「サービスは知っているが利用したことはない」の七〇％）。

使わない理由としては、「他人に家の中に入られることに抵抗があるため」が四七％でトップ。「所得に対して価格が高いと思われるため」という理由も四五％にのぼる。

日本人にとって、家事代行を使ううえでの最大のハードルは「世間体」とも言えるかもしれない。

ある専業主婦の女性は、「母の日とかに、家事代行サービスを使える権利をプレゼントしてもらえたらすごく嬉しい。けど、自分でやれるのに……と思うと、自分でお金払っては頼めない」と話す。

では金額の問題かというと、「それもある

かもしれないけど、本音を言うと家事代行の人が家に出入りしているのを近所の人に見られたくない。自分でできるのに、サボってると思われそうだからですかね……」と言う。

家事代行の人に家の中を見せたくない、プライベートを知られたくないという気持ちもある。日本人はだらしないところをメイドに見せたくないという心理は、現在私が住んでいるシンガポールで、「日本人は『あら、今日はメイドが来るから片付けなくちゃ』と言う」というジョークにもなっている。

女性側だけの問題ではない。ある三児の母親は、三人目の出産で里帰り出産した際、自宅に残した夫のために、自治体の子育て支援券で掃除・洗濯などの家事代行を依頼した。さぞ夫の洗濯物がたまっていたのではと代行業者の担当者に聞くと、「行くと旦那様は自分でされていた」とのこと。夫は「散らかっていると恥ずかしいから」と妻に説明したという。

高水準の家事を求める、でも外注は嫌がる――。家事育児をハイレベルでやりたい人、やれる人がやるのはいいと思う。でも、周りがやっているからといって、無理して頑張らなくてもいい。全部自分でやらなくてもいい。よそはよそ、うちはうち。日本の主婦たちも、その夫たちも、もう少しハードルを下げてはどうか。

2 一汁三菜「おふくろの味」は幻想だらけ

日本人女性の料理時間は欧米よりも一時間以上長い

品田知美氏は、前節で紹介した『家事と家族の日常生活』で、日本人は全般的に外での有償労働時間が長く、しかも、有業の女性も子どもがいなければあまり家事をしていないことを指摘している。一方で、子どもができると、途端に家事時間が増える。つまり、日本における家事労働は、女性の中でも専業主婦、そして外で働いているかいないかにかかわらず子どもがいる女性が、圧倒的に引き受けているのだ。

品田氏によれば、欧米では子どもの頃から、親が就業しているかどうかに関係なく、家事を手伝っており、また結婚や出産のイベントなどがあっても、それほど家事量は変わらない。「誰もが仕事も家事もほどほどにする、という生活様式が欧米家族における現代の位相」だという。

これに対して日本は、成人男性の関与が極端に少なく、子どもにもあまり手伝わせず、成人女性のみが異世代にわたって（時に祖母が手伝う形で）家事を分担しているというのが特徴らしい。

その中でも、日本人女性が特に時間をかけているのが炊事、つまり料理だ。品田知美他『平成の家族と食』によれば、二〇〇〇年頃のデータで、日本の母親たちは欧米よりも一時間以上、一日当たりの料理にかけている時間が長いという。

確かに、日本の食文化はすばらしい。私は高校生のときにアメリカに留学したことがあるが、ホームステイ先の家庭の五歳、八歳の子どもたち（と私）が持っていく「ランチ」は当初ビスケット（しかもオレオやピーナッツバターのたっぷり入ったクッキーサンドなど甘いもの）とリンゴ一個に甘いジュースなどの組み合わせだった。

学校のカフェテリアならもう少しマシかと思って買ってみたが、油っぽいフライドポテトにチーズがどろりとかけてあるものと、やはり甘いジュースだけという感じ。「え？　ポテトがメイン？　というかポテトだけ？」と衝撃を受けた。それ以来、私が毎朝少し早く起きてレタス一枚とハムが入ったサンドウィッチと果物を五歳、八歳の分も合わせて三人分パックするのが日課になった。

ひるがえって日本。もちろん給食などの食育のレベルの高さは子どもを持つ親としてもありがたいことだが、キャラ弁に象徴されるように、家庭で作られるものまで手の込んでいること込んでいること。

SNSに投稿するような料理は上手にできたときに投稿していたり、得意な人がやっていたりするのだとは思うが、時に「愛情」とともに語られ、母・妻たちにプレッシャーをかける。

「一汁三菜」は実はもてなし料理だった

一方で、日本の家庭では食文化が崩れてきているという指摘もある。食と現代家族の生活の調査を続けている岩村暢子氏は著者『残念和食にもワケがある』で家庭での和食が減り、崩れている実態を写真とともに分析している。

この本自体は淡々と実態を描いており、たとえば一品ずつ適切な和食器に盛り付けるのではなく、お子様ランチに使用するような仕切りのあるワンプレート皿を大人も含めて利用する家庭が見られる。

それには「洗い物が減るから」「子どもが自分の皿の分は食べきった感が出るから」など、現代家庭なりの「ワケ」がある。

よくかまないために甘みが出てこず白いご飯が苦手、流し込むために麦茶が必須、味噌汁では流し込むのにすっきりしないので好まれない……などのつながっている現象も見られ、背景には食事そのものやその準備、片付けの時間を節約して合理化させたい忙しい家族の様相がかいま見える。

岩村氏は『〈現代家族〉の誕生』で非常に興味深い分析をしている。一九六〇年代生まれ以降の女性たちが大して食事を作っていないことについて、なぜなのかを明らかにするため、その女性たちの母親にインタビューをしているのだ。

その結果によれば、母親たち（二〇〇四年末時点で平均年齢六四・五歳。二〇一九年現在は平均年齢八〇歳前後の世代ということになる）は、幼少期に戦争前後で幸せな食生活もしていなければ、家事を手伝う場合も火をおこすなどの作業をしており、料理を教わるような余裕がまるでなかったという。

その世代は、長男に嫁ぐことを避けて、高度経済成長期に「サラリーマン」とその妻として団地に住むことにあこがれ、料理教室やテレビ番組を通じて料理を学んできた。

つまり、そもそもその世代（二〇一九年現在で八〇歳前後）は豊かなおふくろの味を経験してきたわけでもなく、見習って引き継いできたわけでもなく、雑誌やテレビ番組を見て「皆こうやっているのか」と標準化した家庭料理を作り始めた。

そして自分も教えられたことがなければ娘に教えたこともなく、大人になってから日常的な料理をしていないことを知らない。そして、知ったとしても「個人の尊重」として干渉することはしないのだという。

前述の品田氏らは和食の特徴とされる「一汁三菜」はもともと茶の湯におけるもてなし料理としての懐石料理であり日常食ではなかったこと、その中で専業主婦が歴史上最も多かった一九七五年前後でさえ一汁三菜はさほど浸透していないことなどを指摘している。

確かにファストフードや「中食」の利用や冷凍食品などの活用は増えているが、江戸時代や明治時代にも加工食品を売り歩く人はいた（むしろ冷凍食品などはすべてが手作りでなくても、それでも家庭で手を入れるという意味で家庭料理規範を強化させている側面もある）。

つまり、丁寧に和食を作る時代や家庭は確かにあったかもしれないが、それはほんの一時期のことである。

さらに自身が一九六四年生まれの品田氏は「自分がすべて引き受けることなど無理である、と考えてきたのが私のような一九六〇年代以降生まれの女性」で、母親世代が自分たちに料理を教えなかった理由について、「自分たちの世代のようにすべての炊事に関する役割を引き受けることを、あえて強要しなかったのも母の世代だろう」と述べる。

岩村氏が「和食の崩壊」と若干嘆きのトーンで描く「ビュッフェ食卓」（家族のメンバーがそれぞれ好みのものを食べる）についても、家族内の個の尊重と葛藤回避の技術として「十分に合理的な選択」と見ることもできる。

手料理で本当に食卓は笑顔になるか

にもかかわらず、子どもの弁当に母の愛情を込めることや家庭の団らんと食を結び付けて考える言説は根強い。

昨今は政府も食育を打ち出し、家庭の役割を強調するが、品田氏らは他方で雇用の在り方は家族そろって夕食を摂《と》ることができるケースを激減させている（子どものいる核家族では一九八八年から二〇一二年までで半減）ことを批判的に指摘している。

データによれば、丁寧な盛り付けをしているからといって夕食時の会話が弾んでいるとも限らず、過剰な母親へのプレッシャーは間接的に少子化にもつながっているのではとの示唆もある。

実際、この料理の話を『東洋経済オンライン』で書いたときに、コメント欄に溢れたのは、意外なことに、妻や母親としてのコメントではなく「子どもとして」経験したエピソードの数々だった。男女かかわらず、「元・子どもたち」が、当時の思いを吐露し始めたのだ。

それによれば、自分の母親は、手作りの料理や品数にこだわっていた。そして、そのために忙しくて構ってもらえなかった。作った料理を食べないと鬼の形相で怒った、常にイライラしていた、食卓は楽しいものではなかった……。

別に手作りじゃなくたって、品数が少なくたって、お母さんがニコニコしてくれていたほうがよかったという証言がいくつも出てきたのだ。

では、おかずの品数や手作りを求めるプレッシャーは、日常的にはどこからどのようにかかってくるのだろうか。

子どもは、手間暇かけても、特定のものしか食べなかったりする。品田氏らの調査でも「料理の品数は少なくても、栄養バランスがとれていればよい」と考える女性も多い（品田氏の調査で七六・七%）。

そうすると母子の食事は非常に簡素になっていったりするのだが、それに良くも悪くもブレーキをかけるのが、夫だ。

品田氏らの調査では、平日の夕食準備時間が長い人は「夕食の品数を何品以上と決めている」割合が高く、「うちの家族は、食事の品数が少ないと不機嫌になる」という質問に対して「はい」または「どちらかといえば『はい』」と答えている人（全体の一八・六％）の過半数が品数ノルマを決めている。

「うちの家族」が具体的に誰なのかについて言及はないが、育った家庭の「おふくろの味」と食卓イメージを妻にも再現することを求めている夫である可能性が高いだろう。

「おふくろの味」は幻想

食事というのは三六五日、毎日三回あるから、育った家庭での「これが正しい食事」だという刷り込みは非常に大きい。私も一時期、育った環境での食事を、自分の家庭に求めていた。今もそうである方々に言いたい。

「一汁三菜」というのは、一時期の一部の家庭のものでしかない。あなたがもしかしたら食べていた食卓は、たまたま日本でその時期に実現していた食生活で、目の前の現代の家庭に求めるべきものとは限らない。

まず料理は妻がやるものと決まっているわけでもないし、仮に妻に料理を任せているのであれば、男性たちは「おかずが少ない」と文句を言うべきではない。

そして実はその夫の「手作り」イメージ自体が幻想である可能性もある。

佐光紀子氏の著書『「家事のしすぎ」が日本を滅ぼす』がTwitter上で話題になっていた際、こういった投稿をいくつも見かけた。

「自分で下味をつけても唐揚げがどうしても、夫の言う『おふくろの味』にならない。一体お義母さんはどうやっているのだろうと夫の実家に行ったときに台所を覗いたら日清の唐揚げ粉を使っていたときの衝撃」

「出汁《だし》を取るところからはじめて料理をしても夫が美味しいと言ってくれない。入れるだけのレトルトを買ってきたら初めて『これだよ!!』と感動された」

実際に、多くの専業主婦が家庭で料理をし始める過程でレトルトや加工食品が果たした役割は大きい。上の世代もそういった商品を活用してきたわけであり「一から手作り」へのプレッシャーを感じる必要はないのではないか。

日本で、ほんの一時期、一億総中流が目指され、主婦たちが夢を見て団地に住み、多くが料理教室に通い、美味しい食卓を実現し、それが幸せだった時代は確かにあったかもしれない。

でも、今はもっと生き方も、生活の選択肢も多様化している。料理が得意な人もいれば、そうでない人もいる。シンガポールの忙しい共働き子育て世代では、週三日外食しているという家庭もある。

手料理がうまくないと女性として失格、というような世間の見方もぜひやめてほしい。結婚披露宴でのファーストバイトで「一生美味しい料理を作ります」みたいな司会も、芸能人の結婚会見で妻の料理で好きなものを夫に聞くのもやめてほしい。料理をするのは女性でも男性でもいいし、その在り方もさまざまに変化していくものだろう。

3 主婦のアイデンティティと自己納得

井戸端会議は必要か

専業主婦はおそらく未経験者が思う以上に（少なくとも未就学児がいる家庭では）結構忙しい。しかし、そうは見えない光景があるのも事実だ。

日本で自分が仕事と育児の両立に息つく間もないような日々を送っていたとき。午前中にカフェでお茶をしている専業主婦ママたちを見て、なにを隠そう「毎日そんなに話すことがあるんだろうか」くらいに思っていた。

だが、実際に自分が一時期ほぼ専業主婦となり情報交換の様子に首を突っ込んでみると、これはこれでもしかしたら必要なのかもしれないと思い始めた。

専業主婦ママたちの話題は、泉のようにいくらでも出てくる。「昨日子どもがこういうこと言ってきてさ」「○○先生って××なんだって」。もちろん、こういう話に慣れていない夕イプの人は「結論は？」「手短に」と言いたくなるような話もあるにはあるだろうが、結構ここでの結論のない長話は主婦たちにとって大事なのかもしれない。

夫は帰りが遅いし、ここでママ同士話さないとほとんど大人と話さないまま一日が終わってしまう。誰だって一種の吐き出しは必要だし、この雑談の中で重要な悩みが共有され解決されていくこともそれなりにあるのだと思う。

そして、次章でも触れるが、幼稚園や小学校で親が関与しないといけないことの多いこと多いこと。大体のことはお任せで済む保育園に比べ、やれ行事に何を着せていくだの遠足の準備がどうだの、いろいろなお知らせがくる。

その都度、「あれ、どうする？　どんなの着せていく？」「○○ちゃんのお兄ちゃんのときはこうだったよ」「あそこで売ってるよ」と情報収集して準備する。そうしないと子どもが当日一人みじめな思いをしたり、子どもに抗議されたりするのではないかという意識も働く。

また、専業主婦の多くが過去に働いていた経験を持っている。ある日突然主婦になると、自分で稼いだおカネが使えない、慣れない家事をしないといけない、子ども以外に話す人がいない……ということに苦戦もする。こうしたときに、アイデンティティ・クライシスを、そして孤独を救ってくれるのも「ネットワーク」だ。

お互いにその価値を認め合い、共感し合い、支え合う。専業主婦の助け合いネットワークは孤独になりがちな世界を何とか支え合っている高度な制度なのだと思う。

村八分になったら生きていけない

つまり、専業主婦はお互いに支え合っていて、暇つぶしに見える井戸端会議にも価値がある――。ただし、だからといって、この仕組みを礼賛したいわけではない。

この専業主婦ネットワークのすばらしさは、こういった支え合いの枠組みに入れなかった場合を考えると、見え方が変わってくる。人付き合いが得意ではないなどで、ネットワークに入れない場合だってある。馬が合わない人がいることだってあるだろう。

それでも、仲間外れになったら、その世界においては致命的だ。これが、周囲に同調し、皆似たような格好、似たような行動になったり、家事・育児のレベルをお互いに上げてしまったりする構造的要因になっていないだろうか。

支え合いは、美しい。でも一歩間違えれば、村八分にされないために毎日気を遣い、自分も貢献し、間違ったことはしないようにしないといけない……という風に感じる人が出てくるのも不思議ではない。

また、こうした専業主婦前提で母子の世の中がまわってしまうと、共働き家庭や男性はこの情報交換や支え合いにイマイチ入っていけない可能性がある。悪気がなくとも、そこに分断が生まれる。

共働き家庭の子どもも、小学生になれば専業主婦家庭と出会う。子どもが「なんで○○ちゃんの家はママがいるのに」「○○ちゃんみたいに××したい」と言い出す。

就学前と違い、子ども同士の関係も徐々に複雑になる。母親が親のネットワークから外れれば子どもが情報弱者として不利益をこうむることもあるし、子ども同士のいじめなどをキャッチできなくなる可能性もある。

世の中的には「父親の育児を」と言いながらも、専業主夫や父子家庭の父親が母親ネットワークに入りづらいというケースもあるだろう。

専業主婦ネットワークはすばらしい。善意の支え合いは、無いよりもあったほうがいいに決まっている。でも、トートロジーのようだが、専業主婦前提の社会だから、専業主婦にとって、専業主婦同士で支え合うことが必要になっているのではないか。

まずもって夫がもっとまともな時間に帰ってきていたらこんなに孤独になることもないし、日本では社会的に子育てを任せられる場も、特に専業主婦にとって少なすぎる。専業主婦だって子どもを預けることが必要な場合はあるし、必要に迫られなくたってリフレッシュのために預けたいときだってある。

働く気があり、「仕事」的な居場所があれば経済的自立、知的刺激、アイデンティティを失わずに済むようなケースでも、預けられる場所が非常に少なく、家事育児にかけないといけない時間を考えると働く先も非常に限られる。

もう少しフレキシブルに育児をしながら主婦が働きやすいような仕事の在り方と育児の社会化がされ、幼稚園や学校は専業主婦が井戸端会議をしなくてもちゃんと情報が伝わり準備ができるような方法で連絡をしてくれたら。

専業主婦前提の社会だから、専業主婦のやることはどんどん増え、専業主婦を脱せなくなる。そして専業主婦になりたくても経済的事情でなれない人や選択的共働き世帯も、四苦八苦することになる。専業主婦とワーキングマザーの対立軸も「女の敵は女」的な議論ではなく、構造的に生じる問題ではないだろうか。

離職によって「家事が生きがい」に変化

主婦の忙しさ、家事育児が高度化する背景について、もう一つ言えるのは、離職によってアイデンティティの一部または全部を失った女性たちが、自分の価値を見いだそうとするため家事労働にのめり込むのではないかということ。

シンガポールで知り合った駐在妻の愛子さん（38歳）は、夫の転勤を機に会社を辞め、五年間専業主婦をしてきた。

働こうと思っても、夫の会社から「原則禁止」と言われ、何度も問い合わせるが「自身で雇用ビザを取得するなら」と言われた。雇用ビザを取得するには、マネージャー職など高度な専門性と長時間労働が必要になる。

「そこまでできなかった私は、そこまで仕事をしたいわけじゃなかったんだと思う」と自分を納得させた。

愛子さんは、「子どもとじっくり向き合う時間ができ、次第に『専業主婦という仕事こそすばらしい、専業主婦は過小評価されていて、もっと評価されるべきだ』と思うようになった」と言う。

しかし最近になり、夫の会社が方針を変更。配偶者の就労を許可した。彼女は真っ先に手を挙げ、働き始めることにした。子どもとの時間もそれなりに確保できる働き方をするつもりではある。

が、「専業主婦こそ価値がある仕事をしている」という思いはどう変化したかと聞くと、「働けるとなったら速攻働くことにしたからね。やっぱり本当は働きたかった、そういうことなんでしょうね」と笑った。

米国で一〇年以上前に書かれた『Opting Out?』（パメラ・ストーン著）という本がある。この本では、高学歴女性がなぜ専業主婦になるかという疑問から、もともと専門職で働いていた女性で今は専業主婦をしている女性たちをインタビューしていく。

彼女たちの内面に迫った「Half - Full, Half - Empty」と表現された章では、子どもの成長に寄り添えること、休みには旅行に行けることなどで満たされた気持ちになる側面がある一方で、アイデンティティを失い透明人間になってしまったような感覚があること、知的な刺激のない生活で孤独に陥ること、子どもの良いロールモデルではないのではないかという不安や、自分の時間が持てないなどの苦悩を描いている。

その対処策として主婦たちが見いだす方法は、一つはもちろん働き始めること。何らかのフリーランスなど柔軟な働き方ができる仕事を見つけるというものだ。もう一つは同じような仲間を得て、一人ではないと感じられるようにすること。

そして最後が、「家庭のプロフェッショナルになる」ということだ。彼女たちは自分のことをHousewifeとは言わず、Stay at home momという呼称を好む。中には××家のCOO（chief operating officer）という冗談も交えながら、母親も立派なキャリアであることがわかったと言い始める。学校や地域のボランティアで価値を発揮する母親たちもいる。この現象は愛子さんのケースにも重なるように思えた。

認知的不協和が専業主婦前提社会を強化する

認知的不協和という概念がある。①自分の信念やそれまでの行動があり、②それと矛盾した事実が出てきた（状態に陥った）とき、強い不快感を覚えるというもの。

この解決策は、①の信念や行動を変えるか、②事実や状態を変えるということになる。

イソップ物語で葡萄《ぶどう》を得られなかったキツネが「あの葡萄はすっぱかったのだ」と思おうとする、という話がよく事例に出される。

たとえば、これまで①「男女平等であるべき。性別役割分担なんて古い！」と思っていた人が、あるきっかけで②専業主婦になった……というのも一つの認知的不協和を生む状況なのだと思う。そのときに、①「いやでも、性別役割分担をしたほうが物事うまくいくよ」と認知自体を修正するか②専業主婦をやめて働きに出ることで現実を認識に合わせるか、どちらかを選ぶことになる。

ストーン氏の本に出てくる女性たちも、最初から母親業に価値があると思ってそのために主婦になるというよりは（そういうケースももちろんあるだろうが）、認知的不協和の結果、主婦になってアイデンティティを再構築し、自己肯定感を保つために母親業に価値を見いだしていったのではないだろうか。

認知的不協和の解決策として「経済的自立がなくてももっと高い価値があることをしている」「働いてないからこそ、できていることがあった」と思おうとして、思うようになる……。場合によっては高学歴でアイデンティティ・クライシスを激しく経験した人ほど反動としての家事・育児への傾倒を生む可能性もある。

こうした認知的不協和による現状肯定は、その時々の個人単位の精神衛生上は良い側面もあろうが、子どもへの過剰な関与や子どもが巣立った後の「空の巣」症候群につながることもある。さらに時として、社会全体を良い方向に導かない。たとえば学校のPTA活動が専業主婦を前提にしていて、共働き世帯が増える中で現状に即していないとしても、「働いていないからこそ得られる、学校に関われる貴重な機会」と捉える人がいれば、廃止はしにくい。

まわりまわって、自己責任論の末、「自分で選んだんだから」の自己暗示は、専業主婦でないと回らないシステムを強化する可能性がある。

「夫に嫌われたら終わり」という不安

私自身もシンガポール赴任の夫に帯同して専業主婦生活を経験したが、そこで大きなアイデンティティ・クライシスに陥った。

二人の子どもを幼稚園に入れるには一カ月ほど待つ必要があった。預け始めてからも二カ月ほどは午前中いっぱいでお迎えに行くという「慣らし」をしていて、自由になる時間は一日に二時間くらい。

収入は激減した。銀行口座の関係もあり、毎週、夫に生活に必要な現金をもらう必要があった。そもそも私はシンガポールに、夫の帯同配偶者ビザで来ている。今この場所に暮らせている、この国にいさせてもらっているのは夫、そして夫の会社のおかげだという感覚。そして日々必要なおカネも夫にもらっている。重要な生活の基盤が自力で作れず、夫頼みだということ。これは結構、苦しかった。

共働き時代は、基本的に費用は夫と共同で負担していたので、完全に人の財布で買い物する感覚に慣れることはできなかった。喫茶店でカフェラテを注文する、ママ友とランチに行って二〇シンガポールドル（一六〇〇円くらい）払う……など、自分が働いていたときは躊《ちゅう》躇《ちょ》なくやってきた行動にためらいが出る。この不自由さと言ったら……！　私は私のおカネでカフェラテを買いたい。

家事分担についても、共働きのときは、家事は夫と分担しつつ、自分が苦手な領域については十分にできていないことに言い訳もできた。育児についても夫に強硬な姿勢で参画せよと言えた。それが、主婦という立場に置かれると、さまざまなフラストレーションを表に出さずに、飲み込むようになった。

そして最後に、自分でも衝撃的だったのだが、家におカネを入れていない、家事も苦手、となったときに、自分がここに住んでいられるたった一つの理由が、「夫の愛を確保できていること」なのだと感じたこと。

これも夫に直接言われたことなどないが「夫に嫌われたら終わりなんだ」という事実は自分を驚愕させた。夫と喧嘩して「お前なんかいらない」と言われたら、その瞬間、無職である私は生活ができなくなり、そもそも帯同ビザだからこの国から追放される。なんだかもう恐ろしすぎて、経済的自立がないというのは、ものすごく不安な状態だと震撼した。

「夫を私的領域で妻に依存させる」というソリューション

この経済的依存状態に対して、過去の専業主婦たちが取ってきた手段は、必ずしも経済的自立の確保ではない。それが難しい社会情勢だった側面もあるかもしれない。

たとえば『「逃げ恥」にみる結婚の経済学』(白河桃子・是枝俊悟)は、団塊世代の主婦が夫に家事を一切やらせずに「靴下のありかもわからないようにしておく。私がいないとダメだと思わせる」ことが上の世代から学んだ生存戦略で、専業主婦の立ち位置を安定させるための方法だったとしている。

愛がなくなったとしても、経済的自立がなくても、主婦が夫に養ってもらう方法。つまり家事（と育児）を独占することにより、夫の家庭における妻への依存を招くというわけだ。

確かに、妻の貢献があってこその夫の稼ぎであり、夫の財布は夫婦のもの、お互いに経済面と家庭面を支え合っているという捉え方もできる。財布の紐をにぎっているのは妻というケースもある。しかし、その関係性は対等と言えるだろうか。また健全と言えるだろうか。

小林美希『夫に死んでほしい妻たち』という恐ろしい本がある。この本では、離婚したいほど夫が嫌いだが、経済的自立や子どものことを考えると離婚することが不安なために、夫が何らかの理由で他界することを望む妻たちのリアルな声を描いている。

国によっては離婚後の子どもの養育費を給与から天引きするなどの徹底した父親責任を追及するケースもある中、シングル家庭の生活のしづらさや経済的自立の得にくさが、生命保険や遺族年金を得られるほうが「お得」と感じられるという戦慄《せんりつ》の事実につながっている。

長時間労働ができなければ戦力とみなさない企業、そして専業主婦の支えを前提とする転勤などの制度。これが結局、専業主婦になる人を増やすばかりでなく、専業主婦になった人の家事育児への献身……そして離婚できない妻の怨念を生んでいる可能性もある。

第3章

子育て後進国・日本の実態

1 「ワンオペ育児」に苦戦する母親

「子どもと向き合えない」共働きの悲鳴

日本経済新聞社が実施し、二〇一八年一月に公表した「働く女性二〇〇〇人意識調査」によると、両立経験がある六一八人のうち、「仕事と育児の両立中、仕事をやめようと思ったことは?」に「ある」と答えている人は五五・五%。

その理由は、

「時間的な余裕がなく、子どもに向き合えない」四六・一%

「家事・育児を一人でこなさなければならず体力的にきつい」三七・九%

「精神的な余裕がなく、子どもに向き合えない」三二・七%

というものだった。複数回答だが一位と三位の理由は「子どもに向き合えない」だ。

実はこの「共働き社会」の問題点は、米国では以前から議論がされてきている。

アーリー・ラッセル・ホックシールドは一九九七年出版の『タイム・バインド』(邦訳は

二〇一二年出版）で、ワークライフバランスが取れていると表彰されるような企業においても、職場がすばらしく居心地のいい環境になっていく反面、家庭での生活は慌ただしく、子どもたちが怒り出したり親を困らせるような行動に出たりするといったネガティブな反応を示すようになった様子を描いている。その結果、第一の仕事、第二の仕事（家事育児）に加え、子どもとの埋め合わせの時間＝「第三の仕事」が必要になっていると論じている。

二〇一〇年代にも、アメリカ・プリンストン大学法学部長のアン＝マリー・スローター氏『Unfinished Business（邦題：仕事と家庭は両立できない？）』がアメリカで非常に話題になり、二〇一七年に邦訳された。この本は、女性がキャリアを追求しようとすれば、「子どもと向き合えない問題」が発生することを世に知らしめた。

著者が国務省の政策企画本部の本部長となり、毎週ワシントンに通う生活をしていたとき、一〇歳、一二歳だった子どもたちに問題行動が目立つようになり、家庭を優先し国務省を去ったことをきっかけに書かれた本なのだ。

この子どもとの時間の埋め合わせ、「子どもと向き合うこと問題」が今、日本でも子育て中の多くの家庭を直撃している。しかし、では専業主婦家庭はどうかというと、手放しで「向き合えている」とも言えない。

「孤育《こそだ》て」か、時間がなさすぎるか

元教師で、夫の転勤に伴って転居した先で保育園が見つからず、専業主婦になったミドリさん（30代）。彼女は、平日の子どもの過ごし方について次のように語る。

「水曜は午前保育なので、午後は暇。だから、イベントをやっている近所の児童館に行っています。ほかの日は家に帰ったら、だらだらとテレビを見ていることも多いですね……。NHKのEテレでゲームができる番組があって、ゲームがやりたくて、テレビを見ている感じです」

「本当はもっと、たとえば幼稚園から帰った後も一緒に遊んであげたりとか、テレビから離せたらと思うのですが、夕方はやることがあったり、疲れていたりすると放置になりがちで。おもちゃも散らかり放題なので、つい怒ってしまう。毎日怒ってますね。私が構ってあげていないからそうなっているので、ごめんねと思いながら……」

共働き家庭が「向き合う時間がない」と思っている一方で、子どもとの時間はたっぷりありそうな専業主婦からも、このような声が出てくるのはなぜか。

親子の時間は、父が長時間労働の会社員で母が専業主婦などの場合はものすごく長く、一方で、保育園に預けやすいフルタイム共働きの場合はものすごく短いという二極化になりやすい。親子には、ほどよい距離、一緒にいるのにほどよい時間の長さがあるはずだ。

ただ、今の日本の多くの雇用労働者の働き方と、保育園および幼稚園、学校や学童のシステムだと、その「ほどよさ」の確保が難しい。

共働き家庭が、喉から手が出るほど欲しているはずの「子どもとの時間」。長すぎると持て余すが、短すぎると渇望する。その二極化に、親が四苦八苦している。小学校入学後も急に子どもが大人になるわけでもなく、親の「子どもと向き合えない」問題は続く。むしろ宿題を見るなど教育面でやることが増えていく。

「体力をもてあますから」の習い事

子どもが三～四歳になってくると、途端に親たちの間に浮上してくるのが「習い事熱」だ。ベネッセが行った「第五回 幼児の生活アンケート」調査（二〇一五年）によると、三歳児の二九・八％、四歳児の四七・九％、五歳児の七一・四％、六歳児にいたっては八二・七％が何らかの習い事をしている。

スイミング、英語、ピアノ、幼児教室や公文、その他スポーツ……と、専業主婦家庭に聞けば週五日、土日もいれて週六日が習い事で埋まっていることも少なくない。

どうしてそこまで習い事熱が高まるのか。

一つひとつの習い事をさせたい理由を正面切って聞けば、ちゃんとした深い理由もあるだろう。子どもの才能を開花させたい、個性を伸ばしてやりたい、コツコツ規則的に練習をする習慣をつけさせたい、自己肯定感を持ってほしい、学校が始まってからついていけないと困る……。中には本当に習い事に熱心に取り組んで、その道に進むお子さんだっているだろう。でも、多くは「友達がやっているから」「自分も小さい頃やっていたから」が主たる理由。そして、そういったすべての理由の背景に、幼稚園児は時間がたっぷりあり、もてあましているという事情がある。

平日は幼稚園から一五時ごろに帰ってきて、夕飯を食べて寝るまで数時間ある。もてあますとグズグズし出して、手に負えない。親としては肉体的にも精神的にも、毎日毎日子どもの相手をしきれないから、習い事でも何でも予定を入れて「やること」を作る。これが大方の「習い事でびっしり埋まった平日」の裏の理由なのではないか。

三〜六歳の子を持つ母親たちに子育て意識の調査をした際、会話の端々にかなりの確率で出てきたのが、子どもに「体力を使ってほしい」という声だった。

多くの母親が口にする「保育園には園庭があるほうがいい」「体操教室に通わせたい」「公園で遊ばせたい」という声。

そこには、身体の発達に良さそうだからなどという理由ももちろんあるのだが、それよりも高頻度で出てくるのが「家に帰ってからも体力をもてあましていて困る」という本音。

つまり、習い事はある意味で他の大人に関わってもらい、ワンオペ育児の負担を分散させる手段ともとらえられる。それならば、本来は一五〜一七時前後の時間帯を、保育園や他の安心できる環境で過ごせる選択肢があれば、習い事は必要ないはずだ。

「丁寧な子育て」への焦り

しかし、昨今の習い事熱の高さは、子どもが幼稚園から早く帰ってくる、専業主婦家庭の現象にとどまらない。専業主婦家庭を中心に周囲の家庭が習い事をし始める年齢になると、子どもが「ヒマをもてあましている」わけではないはずの共働き家庭まで焦り始めるきらいがある。

必ずしも習い事に通わせることが「十全な育児」とは言えないと思うが、共働き家庭からは「自分も子どもの頃やらせてもらっていたことをわが子にもやらせてあげたい」「専業主婦家庭のような丁寧な子育てが自分にはできていないのでは」といった不安の声が上がる。

ところが子ども向けの多くの習い事は、幼稚園に通わせている専業主婦家庭を前提としており、平日の一五時くらいから夕方の時間帯に開かれている。まだ仕事中の共働き家庭が子どもを連れて行ける時間帯ではない。

土日の習い事もあるものの、共働き親は「土日くらいは家族で過ごしたい。でも習い事自体はさせたい」という人も少なくない。

そこで出てくるのが、仕事帰りの一八時に保育園のお迎えに行った後、公文教室に通わせたり、シッターや祖父母や送迎サービスに依頼して、習い事に連れて行ってもらったりするというケースだ。

待機児童の多い東京の認可保育園は、夫婦ともにフルタイム勤務でないと入ることは非常に難しいのだが、一六時ごろに祖母などが迎えに来て習い事に連れて行く姿もしばしば見られる。

習い事の種類にもよるが、ひとたび始めると送迎、練習、宿題に追われるものも多い。幼稚園児は暇だからやっているという場合も多いのに、ただでさえ時間がない保育園児までここに突入していく。

前出のベネッセの調査によると、四～六歳の高年齢児に限ってみた場合、幼稚園児が習い事をしている比率は七三％で、五年前の調査（七一・三％）からさほど増えていないのに対し、保育園児の習い事率は五六・七％と五年前（四六・九％）から一〇ポイント近く増加している。

共働き家庭は専業主婦家庭が実践しているように見える「十全な育児」を目指さなくてもいいのではないだろうか。

2 祖父母頼みは成り立つか

三世帯同居が解決策にならない理由

子育てに母親が苦戦しているのであれば、祖父母の手を借りるという選択肢はどうだろうか。実際、二〇一六年に政府は「一億総活躍」を掲げ、希望出生率一・八達成のための施策として「三世代同居」への支援を打ち出したことがある。

政府が三世代同居支援をすることで、伝統的家族観や家庭でケアを担うようなあり方が推奨されているように見えることなどが物議を醸した。伝統的家族への回帰は、どのようなリスクを孕《はら》み、なぜ反発を招くのか。

一つ目は、教育方針の違いと世代間ギャップによって育児世代のストレスが増える可能性と、それによる子どもへの影響だ。

嫁姑間の確執は古くから語られる問題で、夫の親と同居していると出生率が高まるとのデータもあるが、その相関は舅姑からのプレッシャーなど女性たちの「我慢」を前提としている可能性があり、女性からは「義理の両親との同居が前提なら、出産どころか結婚したくなくなる」という反発も出た。

祖父母の存在が「孤育《こそだ》て」を防ぐメリットはもちろんあるが、祖父母が孫を甘やかしてしまう、教育方針に口を出されるなど、同居では日々祖父母世代の影響を受ける。しつけや教育方針で大人たちが一貫していないこと、それをめぐって祖父母と親が揉めている状態は、一番の当事者である子どもにも好影響とは言えない。

自分の母親が家庭内で姑と対立している姿を見て育ったという女性たちからは「自分の子どもには同じような思いをさせたくない」という声を聞く。

実母との同居なら問題はないのか？

では、妻の親との同居はどうか。

独身時代、ある三〇代男性に、共働きで仕事と育児の両立をどう実現しているのかを質問したことがある。その人が「うちは妻の実家と二世帯住宅で……」と言うので「それはいいですね。奥さんのご両親と住んでいてやりにくいことはありませんか？」と聞くと、彼は言った。

「僕はやりにくさを感じたことはないし、自分で言うのも何ですが僕と妻のご両親の関係は極めて良好なんですよ。でも一番険悪なのは誰と誰だかわかりますか？……妻と彼女の母親なんですよ」。

後々、このような母娘関係の悪化は、「妻の実家との三世代同居」でたびたび発生していることがわかってきた。特に今の子育て世代の女性と実母との子育てをめぐる「すれ違い」は、たまたま娘たちが親不孝娘だったり、祖父母世代が分からず屋だったりするからではなく、構造的に起こる。

現在の三〇代前後の子育て世代は、専業主婦の母が手をかけて育て上げてきた割合が高い世代。都市部のキャリア女性では特に、今経済的自立を確保している女性はその地位達成が専業主婦の母親による「成果」である可能性がある。

そうすると、祖父母世代としては自分たちが実現できなかった「働き続ける」娘が誇らしい一方、自分たちがやってきた「丁寧な家事・育児・教育」を孫にも提供してほしいと思ってしまう。仕事に奔走している娘に、ついつい「子どもが可哀相」と言って罪悪感を煽ってしまったり、しつけや教育方針で持論を展開してハードルを上げてしまったりする……。

娘たちも、母の育児・教育方針を頭ごなしに否定すれば自己否定になるので、まったく耳を貸さないというわけにはいかない。ところが時代も変わる中で、働きながら専業主婦と同じ水準の家事・育児・教育を求められれば苦しくなってしまう――。

女性の社会進出が過渡期であるゆえの世代間ギャップが背景にあり、母が悪いわけでも娘が悪いわけでもなく、両者がぶつかる種がそこにはある。

ところが、一般的に、実の親と三世代同居をしている母親の本音は、外に出てきづらい。育児と仕事の両立をするうえで、非常に助かるのは事実。恵まれている立場で文句を言おうものなら、実家が遠いなど支援を得づらいワーキングマザーから反発が出ることが予想される。

実際、多くの三世代同居をしている女性は、インタビューをすると「本当に親には感謝しています」と口にする。ところが、ママ同士が本音トークを繰り広げるオフの場では、大いに盛り上がる話題が「三世代同居をいつ解消するか」「親の支援を得ずに済むようにするには？」。

三世代同居ができる環境でもあえてしないという人も少なくない。「二週間地元に戻るけど、二週間でも親と一緒に住むことなんか考えられない」「いろいろ言われるのが嫌だから実家の近くに寄る機会があっても黙っている」という声も聞いたことがある。

「祖父母力」を前提にできない

二つ目に、祖父母世代の負担が大きくなりすぎるという懸念もある。二〇代、三〇代の母親でも非常に体力を要する子どもの相手。今の祖父母世代の女性は自己実現を我慢して夫のサポートや育児をしてきた世代でもあり、孫育てまでさせるのは働かせすぎではないか。

晩産化で高齢の祖父母も増える中、祖父母が怪我などでケアされる側にまわってしまえば、途端に世帯の「ケアする人：ケアされる人」の比率が狂うリスクも。そうなれば、現役世代が育児と介護のダブルケアを担うことにもなる。ベビーシッターなど外部に委託していれば、不都合が生じても他の人に頼めるが、家族に依存しているとリスクは高くなる。

三世代同居を支援しようとした政府の本音は、むしろ育児や介護を家族に任せたいという点にあったかもしれない。しかし、ケアは、身内で請け負うほうが感情的にもなり、衝突が生じたり、思いつめたりしがち。お金で解決できるのであれば、そのほうが楽というケースだって多い。

祖父母世代（特に祖母）に頼っている限り、育児や介護などのケアはいつまでも女性のものであり続け、本来もっと関わるべき父親、そして職場や社会は変わらない。祖父母を頼らずに両立ができる社会にしなくては、モデルができていかないという側面がある。

政府としては「同居したい人が実現できるよう支援するためのもので、同居したくない人はしなければいい」ということだったのかもしれないが、それでは非常に恵まれている層だけを支援することにもなる。

ここで恵まれているというのは、一緒に住める家がある、引っ越せる状況にあるということだけではなく、関係が良好であり続ける、教育方針なども一致している、祖父母の健康状態がいいなど様々な条件をクリアしているということだ。

同じ予算を使うのであれば、社会サービスの利用に対する所得・環境に応じた補助や税優遇に充てたほうが、より幅広い層あるいは本当に救うべき層を救うことになる。

そして父親がもっと早く帰ることができ、家事・育児が母親だけの責任にならないよう、正社員の長時間労働削減など根本的な問題解決に力を割く必要がある。

3 置きざりにされる「保育の質」への不安

日本の就学前教育への予算が少ない理由

「三歳までは母の手で育てる」を良しとする「三歳児神話」が「神話」にすぎないということが言われて久しい。それどころか、世界的には、就学前教育に公的投資をする必要性に注目が集まっている。

ジェームズ・J・ヘックマン『幼児教育の経済学』は「幼児期への投資が最も効率的」として日本でも話題になった。これは個人が子どもに早期教育を受けさせたほうが経済的に成功しやすいと推奨するものではなく、アメリカでの社会的コストの面から貧困層の底上げについて指摘する内容だ。

ヘックマンの実施した調査の結果が日本の状況にあてはまるとは限らないが、国際比較をすると日本の就学前教育に対する予算の少なさは顕著だ。

保育政策が専門の東京大学大学院准教授・村上祐介氏は秋田喜代美監修『あらゆる学問は保育につながる』の中で、高度成長期に終身雇用と年功序列という日本的雇用慣行によって専業主婦世帯が増加したことで保育ニーズが抑えられたことと、保育士や幼稚園教諭の勤続年数が短かったことでこれらの年齢構成が若手に偏り、保育士や幼稚園教諭の人数の割には人件費の総額を低く抑えられたことが、これまで日本の就学前教育への投資の抑制を可能にした背景ではないかと述べている。

しかし、この本では、世界的には国レベルで投資が進められているのに対し、日本は保育の質について園任せになっていることも指摘されている。

この予算の少なさは、家庭にどのような影響を及ぼしているだろうか。

「三歳の壁」とは何か

保育園は共働き家庭向け、幼稚園は専業主婦家庭向け。この線引きは実は三歳児以降になると境界線がややあいまいになる。

昨今、待機児童対策として、広い施設を持たずとも開設できる小規模保育など、最も不足している〇～二歳児のみを預かる施設が増えている。

保育園に入れないと退職に追い込まれかねない親たちにとって、低年齢向け保育所の増加はありがたいものだ。小規模保育は規制緩和により国家戦略特区では三～五歳も受け入れ可能になってもいる。

しかし、多くの小規模保育で、三歳児以降は在園できなかったり、同年齢の友達が減っていったりするため、再び保活をしなければならない「三歳の壁」がやってくる。その中で、三歳児以降は預かり保育がある幼稚園に行かせるというのが共働き家庭の一つの選択肢となっている。

また、共働き親の中には、「やむを得ず」ではなく、「幼稚園のほうが教育内容がいいのでは」「園庭が欲しい」など幼稚園にわざわざ転園するケースもある。たとえばこんな声がある。

「幼稚園に通っている話とか聞くと、幼稚園って保育園よりも一人ひとり手間をかけてくれないから逆に自立するみたいな話を聞いて。テレビの時間が減ったり製作に興味持ったとかいう話を聞くと、小学校の前に幼稚園を経験させるのもありかなという気持ちになった」

保育園は福祉施設で厚生労働省管轄、幼稚園は教育施設で文部科学省管轄という違いはあれど、実際文章化された設置要領や教育方針には実はほとんど差がない。

しかし、幼稚園＝教育、保育園＝お世話というイメージは保護者の中にも強く、また「先生たち」の意識上も若干異なるのかもしれない。保育士の免許、幼稚園の教員免許の両方を持つ、ある母親は次のように話す。

「保育士の免許は専業主婦をしていたときに取ったんですけど、内容が教育的というよりは、どうやったら怪我をさせないかとか、お世話をするみたいな内容が多いんですよね。幼稚園の教員免許だとどうやったら子どもの発達をうながせるかという内容を勉強していたので違うなと」

実際に保育園から幼稚園に転園した子どもの母親は次のように話す。

「認可保育園が公立で、ホントにお迎えが来るまでただ預かっているだけって感じがして。迎えに行っても子どもが暇そうにしているんです。先生も幼稚園の先生と保育園の先生は全然雰囲気が違う。幼稚園は子どもを楽しませようというか。教室にはピアノがあって、歌をうたったり、工作したりを幅広くしているのかと思って。実際、子どもは楽しそうにしています」

どちらがいいと思うかは個人差もあるだろう。そして、保育園がすべてこのような姿勢で、幼稚園がすべてすばらしい環境とも限らない。子どもをのびのびと遊ばせ、楽しませるプログラムを実施している保育園も、もちろんたくさんある。時間の長さが異なる中で、お迎え時の子どもの反応だけを見て判断することも難しいだろう。しかし、このように見ている保護者は少なくない。

「園内」習い事が人気になる必然

1節で習い事熱について触れたが、幼稚園の預かり保育や保育園の中にも、習い事的なプログラムを手掛ける園が出てきている。これが転園を考えるきっかけになったという人もいる。

「私立の幼稚園は制服がかわいいのに加え、習い事をやってくれる。幼稚園自体はお昼過ぎに終わるんですが、預かり保育でお迎えまでの間に体操の先生やピアノの先生、英会話の先生が来たり、それぞれの専門の先生が来て教えてくれます」

「預かり保育の時間に、バスが来て水泳に連れて行ってくれたり、体操の先生が来て体操を教えてくれたり。（園でお迎えをただ）待っているだけじゃなくて、その時間を有効に使えるのが魅力的。お金はかかりますが、それは土日に習い事をしてもかかるので。近くのプールは土日すごく混んでいて、空きを待つのが大変だし、親としては平日にやってくれると助かる」

熾烈《しれつ》な保活を終えてとりあえずは就学前の保育場所を確保できた親たちが、ふと「保育園に任せきり」でいいのかと疑問に思い始めるのが、子どもが幼稚園児の年齢になって、過去の自分や周囲の幼稚園児の生活との比較が出てくる三歳児前後の頃なのだろう。

土地のない都心に保育園が急増する中、近隣にある公園を園庭がわりとし、園庭を保有しない認可保育園も増えている。そのことも多くの親に体操がプログラムに組み込まれている園への転園を考えさせる要因になっていそうだ。

「保育園は延長保育があり、給食も出るので助かります。保育士さんも一生懸命です。でも園庭がないし、プールもない。午前の三〇分くらいしか外で遊べておらず、男の子には体力的に物足りない」

「住んでいる地域は、認可保育園でもマンションの一室だとか、庭がないのがスタンダード。その環境に長い時間預けることに納得ができず、いろいろ探す中で幼稚園がいいなと。小学校みたいにグラウンドやプールがあり、スポーツのプログラムも毎日ある。送迎のバスがあり、一九時まで預かりもある。オプションでスポーツのスクールもあります。体を動かせる環境があるということが大きい」

実は、運動指導をやってくれる幼稚園よりも、特にやっていない幼稚園のほうが子どもたちの運動能力が高いといった皮肉な調査結果（杉原隆ら『幼児期における運動発達と運動遊びの指導』など）もある。

大人の指示どおりに動く運動指導は、順番を待つ時間も長い。それぞれに好きな遊びに熱中していたほうが運動量が多くなる可能性があり、習い事的なプログラムがある園のほうがいいとは限らない。

にもかかわらず、親たちは「習い事をやってくれる園」に魅力を感じる。なぜかというと、「好きな遊びに熱中させてくれる」環境というもの自体が、意外と得難いからだ。

共働きの親たちは、どこかで保育園だけに子どもを長時間任せていることに自信が持てない。ともすれば、保育園にいる間、子どもはただ放置されているのではないか。こうした疑問が出てくる背景の一つとしては、全般的に待機児童の増加とともに保育園の余裕がなくなり、基準が緩くなっているという日本の事情がある。

議論が進まない保育の質

日本の保育政策はまず「量」の確保で躓《つまず》いていて、質の議論は二の次にされている。兵庫教育大准教授・鈴木正敏氏の論文「幼児教育・保育をめぐる国際的動向」（二〇一四年）によると、保育の質というのは、「構造の質」と「過程の質」があり、他の先進国では後者に重点が移ってきている。

これに対し、日本で議論されるのはせいぜい施設条件や保育士の配置など「構造の質」。その構造の基準すら、どちらかというと緩められる方向にあるが、保育者と子どもや保育者同士、保護者や地域などとどうかかわり、どのように日々保育を実践しているかという「過程の質」はほとんど注目されていない。

私自身、二度の保活をした際に、合計九カ所の保育園に見学に行ったり利用したりして、気になったことがあった。

一つ目は、上の子を〇歳児で私立認可保育園に一時保育で預けていたときのこと。一五時半頃に迎えに行くと、子どもたちが何人か、わらわらとこちらに寄ってきて「なーんだ、ぼくのママじゃないのか」とがっかりした顔をしたこと。

これに対して、上の子を三年間通わせることになった無認可の保育園は、子どもたちが遊びに夢中で、誰が迎えに行ってもまず気がつかない。うちの子も、私の姿にようやく気づいても「もっと遊びたい」となかなか帰らないことも多く、子どもにとって、安心でき、遊びに没頭できる環境はありがたかった。

先述した鈴木氏の論文でも、ベルギーの取り組みで保育者たちが子どもたちの「安心度」と「夢中度」を評価し、保育者同士で議論し改善する枠組みが紹介されている。子どもが保護者のことを「早くこないかな、こないかな」と首を長くして待っているとしたら、復帰した親だって気が気ではない。政府の目指す「女性活躍」のためにも、子どもが安心して過ごし、親が心おきなく働ける環境が必要だ。

余裕のない保育士

二つ目は、非常に人気のある認可保育園を見学していたときのこと。二歳児の子どもたちが、ちょうど散歩に出かけるところだった。その保育園はビル内で園庭がなく、近くの公園に散歩に行く。外出準備をしていた二歳児に、若い保育士の先生が、「ねー、○○ちゃん、なんで靴下はかないかなぁ」とイライラとした様子で言うのが聞こえた。

何をするにも、とにかく時間がかかる二歳児。それを何人も連れて外に出かけるのは非常に神経を使う。イライラするのはわかる。

でも、これまで私は上の子が通っていた保育園の先生に「子どもが何かしたがらないときは、子どもなりの理由があるんです。その気持ちを私たちは受け止めたいし、お母さんも受け止めてあげてください」と諭されたことがあった。

別のある幼稚園を取材したとき、靴を左右反対に履いている三歳くらいの子がいて指摘したら、「自分で気づいたらいいの」「わかっててやってみてるのかもしれないから」と見守る先生たちに止められたこともあった。

保育士さんや幼稚園の先生たちは、決して誰でもできるようなことをしているわけではなく、発達心理などの研究をベースに保育を実践しているプロで、むしろ親のことも親として育ててくれるような存在だ。

そういう保育士の方々も見てきただけに、親が何人も見学している真横で、子どもにイライラと接する保育士を見て、ショックを受けた。

保育士個人を責めたいわけではない。保育士の処遇は全産業平均と比べても低く、余裕のなさがそのような態度につながっているのかもしれない。園庭であればさっさと支度を終える子と、のんびり外に出る子の時間差を許容できても、一斉に外に出かけないといけないという状況も追い打ちをかけているだろう。

無認可保育園に通わせているワーキングマザーの話を聞くと、そもそも子どもが遊んでいる様子を事前に見学できないばかりか、通わせている親が一切目にできない構造にある保育園、子どもを預けてみたら無理やり寝かせるなど事故につながりかねない保育をしていたという保育園などの話も聞く。

幼稚園は解決策になるか

では幼稚園ならいいのか、共働き家庭も幼稚園に行かせればいいかというと、そうもいかない。幼稚園にももちろん差はあるだろうし、何よりやはり保育園とは勝手が違う。

まず、親の関与が求められる場面も幼稚園のほうが多くなり、平日の昼間参加型のイベントも多い。

「フルタイムで働いていると平日の行事とか……保護者会とかも保育園だったら一七時などに始めてくれるけど、幼稚園では昼間の一三時からとか、専業主婦の人のスケジュールに合わせている。お母さんの集まりとかもあんまり参加できていない」

もちろん、保育園でも平日の保護者会開催をするところもあれば、幼稚園でも「おかあさんが働いていようがいまいが、必要な方に使っていただければいいです。PTAもできる方がやってくだされば」という姿勢の園もある。

これに加えて、子どもの側からも苦情が出てくる場合がある。

「(子どもが)なんで私だけが預り保育に行かないといけないの、みたいなことがどんどん増えてきたんですよね。知恵もついてくるから、一番にお迎えに来てとか。今日は何番だったとかだんだん強くなってきて。友達関係が結構ネックで、(誰々ちゃんがいないから)つまらないとか言い出す……」

「幼稚園だから、もともとの教育には力を入れているけど、預りに関してはただ預かってるだけの状態になっていて、正直あまりプログラムもないし、先生も少ないし、ただ見てるだけみたいな。保育園とは少し違うところがあるかな」

幼稚園の時間帯(九~一四時半ごろ)は担任の先生が見てくれて、「お遊戯」などのプログラムがある。一人ひとりの様子を把握してくれている感覚があるという。一方、預かり保育(午前七~九時、一五~一八時)の時間は、担任の先生は関与せず「預かり保育」の担当者に変わる。

ここでは学童に近いような「見守り」中心で、学年別でなく、プログラムがないことも多い。仲のいい友達が帰ってしまう、先生が変わる、保育園と違い基本的には昼寝なしで夕方までいることになる……など、幼稚園ゆえの壁にぶつかるケースもある。

また、夏休みや年末年始といった長期休みが多いことも課題だ。夏休みにも預かりを実施してくれる園もあるものの、ここではますます「○○ちゃんも××ちゃんもいない」問題が膨らんできて、ほぼ年末年始以外は休みなしの保育園のありがたさをひしひしと感じることになる……。

質・量ともに保育園が不足しているのであれば、一見「三歳児以降は、幼稚園に行かせればいい」ようにも見える。が、当然ながら、やはり多くの幼稚園は「専業主婦前提」の仕組み下にある。

政府は、二〇一九年一〇月から幼児教育の無償化を実施する。認可保育所や幼稚園に通う三〜五歳児や住民税非課税世帯の〇〜二歳児の保育料が原則、無料になる。

一見、幼児教育に力を入れているように見えるが、実際には安心して通わせられる場所が十分確保できていない状態。女性活躍もうたってきた政権だが、急増する共働き家庭が必要とする保育の質・量の向上は、ますます後回しになっているのではないか。

4 立ちはだかる「小一の壁」

「子どもが小学生になると大変」が八割

保活を乗り越え、三歳の壁を乗り越えた、共働きの夫婦が次に直面するのが「小一の壁」と言われている。子どもが小学生になるとそれまでとは別の問題が出てきて、両立が難しくなるこの問題。

当事者たちにとって深刻である一方で、周囲はほとんどこの大変さを理解していない。

「お子さんが小学生になって、両立はだいぶ楽になったでしょう」

共働き子育て歴一〇年のある女性は、男性の同僚や上司のそうした無邪気な言葉に困惑し続けている。

「保活や乳幼児期とはまた違う大変さが襲ってきて、全然楽にならないのに、子どもが小学生になれば『子どもは手間がかからない』『二四時間働けますに戻れる』と思われている」

と彼女は嘆く。

女性活躍のコンサルなどを手掛けるスリール株式会社が二〇一八年に実施した調査によると、「子どもが小学校に入ったとき、環境の変化に対して大変だと感じた」共働き親は六七％にのぼる。

「小学生になり、入学前より両立が大変に感じますか？」という質問に対しては七九％が「とてもそう思う／まあそう思う」と答えている。

放課後の居場所問題

具体的に、保育園時代といったいどう変わるのか。第一に「放課後・長期休みの居場所問題」だ。共働き家庭では、保育園がそれまで朝から一八時くらいまで慣れた環境・ほぼ同じメンバーで過ごすことができたのに対し、小学一年生は通常、一四～一五時頃に帰宅する。そうすると放課後の時間をどう過ごすかという問題が起こる。

学童保育という仕組みはあるものの、専業主婦家庭の子はまっすぐ家に帰るため、「あの子みたいに帰りたい」と言い出す子もいる。

「帰りたい」と言われても、六歳くらいの子を毎日家に何時間もひとりにしておくわけにはいかない。

さらに長期休みは、親たちの悩みの種だ。学童で一日中過ごすことになり、子どもの「なぜ自分だけが」という不満は大きくなりがちだ。夏休みなど長期休みは、保育園と比べて開所時間が遅い学童も多い。出勤する親が先に家を出て、子どもがひとりで鍵を閉めて学童に向かわなければならないというシチュエーションも発生する。

小学校に上がる頃になると子どもの意思と主張はますます強くなり、人間関係から「学童嫌い」を発症することも。スリールのアンケートからは次のような声が聞かれている。

- 学童の環境が子どもに合わない、気の合わないお友達がいるといった場合に、学童に子どもが行かなくなってしまい、放課後の長い時間の過ごし方に非常に悩まされた。
- 学童では大きなお兄ちゃんたちとかかわり、子どもにチックの症状が出ました。結局夏休み、おばあちゃんの家で過ごすようになり、学童をやめました。
- 小一の夏休み前、夏休みは毎日学童だと娘に告げると、嫌だと号泣されました。人数が多く、自由度の少ない学童に行きたくなかったようです。

公立の学童の「内容がつまらない」という場合もある。全国学童保育連絡協議会によれば規模も全体の三割近くが四六人以上となっている。

同協議会は、大規模な学童保育について、指導員の目が行き届きにくくなり、子どもたちも騒々しく落ち着けないと指摘している。「一日中、室内の狭い空間でそれぞれ自由に遊んでいるだけで、退屈だと子どもが嫌がる」という声は少なくない。

さまざまな遊びができ、手厚かった保育園時代とのギャップに驚く親も多い。多くの指導員は非正規で、勤続年数が上がっても賃金が上がらない、退職金がないなど条件が悪い。待遇改善も必要ではないだろうか。

子どもが長時間退屈しないようなアクティビティを多数用意する民間の学童もあるが、人気の学童の予約は三歳からと言われるほど激戦であることも。夏休みはサマーキャンプなどに毎週のように行かせる選択肢もあるが、費用もばかにならない。しかも、それだけしても子どもが「学童はイヤ！」と言いかねないのだから、親としてはハラハラし通しだ。

生活習慣の変化やいじめの問題も

次に立ちはだかるのが、「学校生活のフォローが大変という問題」だ。

小学生になると、持ち物や宿題などを子どもたち自身が管理しなければならない。加えて勉強が始まるので、親が宿題を見てあげなければならない。至れり尽くせりだった保育園と違い、それらのフォローをする負担は親にのしかかってくる。

- 帰宅してから夕飯の用意をして食べさせ、宿題を見て、お風呂に入れて、次の日の準備、の一連の流れで子どもを寝かす時間が遅くなる
- 一方で、子どもを早く寝かさないと（睡眠不足で）翌日の授業に支障が出る。初めての授業参観はまさかの息子が爆睡状態。生活リズムを整える重要性を痛感
- 小学校二年生のときに不登校になり、両立が大変難しくなりました。幼児期とは違い、意思も体も強くなりますから、泣いても抱いて学校に連れて行くわけにはいきませんでした。勉強などの遅れが原因だったようですが、毎日勉強を見てあげる環境も必要です
- 毎日毎日宿題があり、下に五歳と二歳の弟妹がいる中で、やるのは大変。音読さえまともに聞いてやれませんでした

こうした学校の仕組みに対応した生活の変化に加え、親たちを直撃するのが、子ども同士の人間関係だ。保育園、幼稚園は長い期間、そして長い時間生活をともにし、先生と子ども

たちがお互いのことを知り、信頼関係がある程度できている。

一方小学生になると、子ども同士の約束ややりとりも増える年齢になり、多様な家庭が集まるため、親も子も手探りになる。

- 下校時の友人関係でトラブルが起きていたことに気づかず（仕事と下の子の育児に追われて気が回らなかった）、学校に報告する事態にまで発展してしまった
- 保育園は毎日保護者も送迎で顔を合わせ、連絡帳に園での様子が書かれていた。だが（小学校では）子ども同士のトラブルが小学校からの友達とあった場合、親同士が面識なく、先生とは電話でしか話せず、状況を子どもから聞き取るしかなく、解決に時間や労力を要した

都内で公立小に通う子どもを持つある自営業女性は、登下校時に息子がいじめのような被害に遭っていることに気づいたときのことを次のように語る。

「息子は最初、親の介入を断ってきましたので様子を見ていましたが、ランドセルを振り回して車道に出されそうになったり、上級生の女の子が朝登校時にうちの子を蹴るようになっ

たので、この関係性が固定化される前にやめさせようと思いました」

結果的にはスクールカウンセラーがかかわってくれて解決したというが、この女性は他のいさかいで学校側が対処してくれなかった事例を知っていると言う。

「親側の努力も必要だと思います。できる限り役員などお手伝いもやって学校の様子を知ること。あとは、先生の承認欲求にもこたえること。今は、学校に用務員の先生みたいな人がいなくて、総務を先生がこなしているそうです。だから先生が日々の努力でやってくれたことに対して、メモで感謝を伝えたりしています。これだけで、親への態度は全然違うんですよ。先生だって人間だから」

先生だって人間だから。本当にそうだ。ただし、共働き会社員が担任とのコミュニケーションをとる時間がなかなか見つけられない中、途方に暮れてしまうコメントでもある。

「紙ベース」の学校連絡に戸惑い

さらに親の負担感を増大させるのが、学校によっては非常に「前時代的な仕組み」が残っていることだ。たとえば学校からの連絡。紙ベースまたは口頭での連絡のみ（それを子どもが連絡帳に書いてくる、もしくは覚えてきて親に伝える）など、複雑かつ煩雑なのだ。

・持ち物やイベントの告知がいろいろなプリントにバラバラに書かれていて、見つけにくい。保護者会や家庭訪問の日時の連絡が一週間前とギリギリ
・学校からの連絡のプリントの多さ、情報が多い割に整理されておらず違う内容が複数のプリントで届くなど、とにかく把握と整理だけでも大変
・プリントやお知らせの確認、管理、対応。逆に何のお知らせもなく、子どもに伝えて終わることも

紙ベースなのは学校からのお知らせだけではない。千葉県の公立校に息子を通わせる女性が入学時に驚いたのは、家庭から学校への主たる連絡手段が「連絡帳」であること。電話は原則NGで、たとえば病気で休まないといけないとき、近くに住んでいる同級生などに連絡事項を書いた連絡帳を持って行ってもらわないといけない。

「下校時刻が異なるのでなるべく同じ学年の子に預けましょうと言われ、入学したてのときに家の近くの人を探すため、教室に模造紙を掲示してあって、家の場所にシールを貼った」など。こうした学校はまだあることがスリールのアンケートからもわかる。

・欠席連絡を含め、何かあっても連絡は基本的に連絡帳。電話をかけてはいけない
・小学校へ休みの連絡は連絡帳。近所に同級生がいないため、友達へ届けるのも手間がかかる。子どもは祖父母宅へ預け、連絡帳は友達へ届け、帰りも友達の家へ取りに行く

病欠の場合、具合の悪い子どもを置いて友達の家まで行ったり、通学路で連絡帳を届けてくれる小学生を待ち構えたりしないといけない。親同士が、そのために連絡を取り合う必要もあり、近所の親同士のネットワークを作る必要も出てくる。

PTA、授業参観で有休が足りない

小学生の親たちの中でもとりわけ共働き家庭を特に苦しめるのは、親が駆り出される学校関連の活動が平日昼間にしょっちゅう行われることだ。

・PTAの活動が平日。パトロールが一四時半くらいから二カ月に一回あるが、出られないときは代理を立てなくてはいけない

•ＰＴＡの委員を引き受けたが、委員会は平日昼間にしか開催されず、生産性が大変低い打ち合わせで、作業改善を提案しても聞き入れてもらえない雰囲気
•授業参観やＰＴＡの仕事は、すべて平日の昼間に行われ、仕事をしていても関係なく招集される。毎月二日くらいの頻度のため有休だけで対応するのは困難

ＰＴＡについての現状や歴史的経緯は黒川祥子『ＰＴＡ不要論』、岩竹美加子『ＰＴＡという国家装置』などに詳しい。学校により温度差はあるようだが、これらの書籍からは、おそらく時に怒りに震えながら、非効率で強制的な「苦行」をしなければならなかった理不尽さが綴られている。

背景には、主に母親の労働力を基本的に「無料」として扱ってきた社会の構造があるだろう。専業主婦が大半であった時代には、それでよかったかもしれない。しかし、ベルマークを集めて仕分けする、といった前時代的な活動に象徴されるが、そこに機会費用がかかっていることは見過ごされている。送り迎えに父親が来ることも多くなっていた保育園時代と異なり、ＰＴＡは会長職を除いて、保護者会などもさらに父親が少なく参入しにくい雰囲気で、母親の負担が重い世界と指摘する声もある。さびついた体制を前に、母親が家庭に縛り

付けられてしまう状況がまだまだ残る。

「いつまでママキャラでいるつもり？」小一の壁で離職も

働き方改革が進んできてはいるが、まだまだ日本の会社には休みにくい文化が強固に存在する。シンガポールでは、もちろん職種などによるが、父親であれ母親であれいわゆる会社員が、子どもの学校の行事などに参加するために仕事を休むのは「普通」だ。

これに対し、日本の職場で小学生ママたちがかけられる言葉は、「もう小学生になったから、仕事に全力をかけられるよね」「いつまでママキャラでいるつもりなの？」といったものさえある。小学生の子どもを持つ親たちが、連絡帳だのＰＴＡだの、こんなにカオスな状況を抱えながら仕事をしているとは、職場の上司や同僚は想像もつかないのではないか。

法制度面のサポートも手薄だ。労働基準法の看護休暇も対象は就学前の場合。インフルエンザの蔓延《まんえん》で学級閉鎖が起こり、元気なのに学校に行けず預かってくれる場所がない……ということも起こる。就学前は使えた時短勤務が使えなくなるケースも多い。

前述した株式会社スリールが二〇一八年に実施した調査によれば、「小一の壁」が原因で転職など働き方を変更したというケースは二四％にのぼる。

ある外資系企業に勤めていた女性は、公立学童が一八時一五分閉所で、定時の一八時まで働いてお迎えに行くと間に合わず、民間学童も入所を断られた。「六歳に鍵を持たせてひとりで留守番させることは心情的にできなかった」と退職して一時、専業主婦になった。

別の女性は実家のサポートを得ながら会社員として忙しい毎日を送っていたが、一学期が終わる頃に子どもが正しい書き順でひらがなを書けないことなどに青ざめ、パートに切り替えたという。フリーランスや短時間正社員など、幸い働き方は多様になってきてはいるが、小一の壁は女性活躍推進を目指す企業にとって、管理職になってほしい年代の女性がこぼれ落ちていってしまう要因にもなっている。

小三や小四、中一の壁も……

しかも、残念なことに問題は小一では終わらない。子どもが小学三年生になって働き方を変えた管理職の女性は、「小一の壁って、一回突破したら終わるかと思っていたら、小三とか小四の壁もあって、学童保育が使えなくなるというのと、それくらいで急に勉強が難しくなるんですよね……。課長レベルならどうにかなったかもしれないけど、昇進するにつれ難しくなった」と話す。

都心部では「九割が塾通いをして受験する」という環境もあり、公立校への不信感や学童代わりとしての塾のありがたさも加われば、その流れに抗しがたいと感じる親子も多い。しかし、親の側も仕事の要求水準が上がっていく中、送り迎えや弁当作り、実際に中学受験をする場合はそのサポートと、負担はばかにならない。中学生になると学業が前面に出てくる、教師との関係性が変わるなどで子どもが不登校になるなどのトラブルも増えてくる。親側のハードルは中学卒業くらいまで続くことになる。

学校側があり方を見直していくこと、そして企業側も子育て家庭で起こっていることの状況を理解し、サポート体制を作っていくこと。母だけに任せず父も関われる体制づくりをすること。社会システム全体がアップデートされなくては、共働き急増社会、そして女性活躍の歯車は回らない。

第三部　変わる社会の兆し

1 変わる夫婦

変化する夫婦の役割

サラリーマンと、専業主婦。この組み合わせを前提とした仕事、家庭……。社会の在り方を打ち破る動きはどこにあるだろうか。

大阪府在住の憲明さん（44歳）は、二〇〇四年にそれまで働いていた制作会社を退社した。長女が生まれ「これまでどおり夜勤もこなす看護師を続けたい」という妻が育休から復帰するのと入れ替わりで、専業主夫になった。

子どもは好きだし、赤ちゃんのお世話も楽しめる自信はあった。「二〜三歳くらいまでは家で見ようかなと。そこまで大変だと思っていなかったんですよね」。

生後五カ月の娘と丸一日家で過ごし始めたが、「五日でしんどくなった。まず誰とも話す機会がない。いっときも目が離せない」。後追いも激しい時期で、トイレに一人で行くこともできずに扉を開けて用を足した。

娘はかわいく、「一度決めたことだから」とそこから五カ月間は専業主夫として家事育児に専念したが、〇歳児の四月入園に合わせ、バイトを探し、保育園に入れた。兼業主夫として働き始めたのは経済的理由でも、仕事のやりがいでもなく、「自分の時間が欲しかったから」。

育児をしたことがない人にはなぜバイトが「自分の時間」になるのか不思議に思うかもしれないが、乳幼児を抱える親にとって、子どもに振り回されずに一人で通勤し大人とやりとりをする仕事は時に「息抜き」になる。

憲明さんの、バイトと兼業主夫の生活はそこから一〇年以上に及んだ。長女の四年後に生まれた次女は、生後四カ月から保育園へ。憲明さんは時に映画館でポップコーンを売り、時に社会福祉協議会で子育て支援の臨時職員をし、またあるときはＮＰＯ法人などで九時から一六、一七時まで働くなどのバイトをした。

保育園や学童に娘たちを迎えに行くのは、もちろん憲明さん。料理は妻のほうが得意で時間が許せば妻が担い、それ以外は憲明さんが主夫として家事育児をこなした。

憲明さんは、保護者会やＰＴＡの会長、クラス委員なども務めた。会議で司会を務めて議題が時間どおりに終わるように進行するなど、活動に多様性をもたらし、貢献もしてきた。

「ママたちも気を遣ってくれて優しいし、パパ一人だとちょっと違う意見を言うのも許されるような側面がある」

次女が小学三年生になり、自宅で留守番もできるようになった二年前、子ども好きが高じてフルタイムで保育園の園長や副園長を担うようになった。

「妻は組織の中で頑張れるタイプだし、看護師という仕事自体にやりがいを見いだしてやっている。ただ、家族の大黒柱としてプレッシャーはあったと思います。そうそう辞められないし、昇進も断れないなどあって、しんどい時期もあったと思います。そんな中、『あなたもそろそろ（本格的に）稼いでね』とも言われていた」と話す。

この憲明さんのエピソードを『東洋経済オンライン』で紹介したときに、ネット上では「男性でも女性でも問題は同じ。共感する」という声と、「男性だから記事として取り上げられるけど、女性が音《ね》を上げると批判される。フェアじゃない」という声が出ていた。共通するのは、「主婦だって預け先が欲しい！」ということ。そして、その預け先があることにより、復職後管理職にまで上がっていけたという点が多くの人の驚きを呼んだ。

男性が「主夫」になって浮かび上がること

女性活躍が叫ばれたとき、「男性が専業主夫になればいい」と主張する人たちもいた。だが、完全に役割を入れ替えるだけでは、専業主婦が抱えてきた問題を、専業主夫が引き継ぐだけの話で、何の問題解決にもならない。

ところが、男性が主夫になっている場合、女性が主婦の場合と比べて微妙に異なる様相も見られる。妻は産休中などに一定程度、主婦も経験しており、主夫になった夫に対しての理解が、平均的な夫の主婦妻に対する理解度、協力度よりも高そうなのだ。

主婦に取材をすると、自分の時間のために子どもを有料で預けたり、専業主婦なのに外部サービスを使ったりすることに罪悪感を抱いてしまうという声が多い。ところが夫に主夫として支えてもらっている妻たちからは、夫たちの「自分の時間捻出」には前向きな様子がうかがえる。

商社に勤務している妻の転勤に伴い、「駐在妻」ならぬ「駐在夫」になったコウジさん（30代半ば）。妻がかねてより海外勤務を希望していたので、「よほどのことでない限りついていこう」と決めており、二〇一八年にロンドンで主夫生活を始めた。

しかし、それまで、土日に子どもたちと過ごすことはあっても、平日妻がいない状況で二四時間子ども二人と過ごすという生活をしたことがなかった。大きな環境変化に戸惑った。

「七日のうち週末の二日だけなら貴重な時間でも、平日五日ワンオペ育児はつらかったです。上の子は遊んでほしいと言ってくるし、下の子は傍にいないと泣いて追いかけてくるし、トイレもゆっくりできない……。これが毎日続くのかと思うと絶望感がありました」

コウジさんはもともとエンジニアをしていた。流動性の高い業界で出戻り社員などもたまにいる。いずれ業界に戻ることもできるだろうと踏んで、今年は大学に通おうと英語の勉強中だ。

第一子は五歳で無料の公立校に通うが、第二子は一歳で託児所に預けている。未就園児の教育費等は通常企業からの補助は出ないことが多く、コウジさんの家庭でも託児所の費用は週四回で月一八万円ほどかかるが、すべて自費負担。「妻が預けるのを許してくれている。感謝ですね」。

八時半に妻と上の子が家を出て行き、九時にコウジさんが下の子を託児所に連れて行く。家事などをして、午前中とお昼を挟んで、勉強や出願の準備などをそれぞれ一時間ずつしているとあっという間に子どもたちが帰ってくる一五時台になってしまう。

「子どもと一緒にいることは大事で、これまではなかなかそうした時間が取れなかったので貴重です。でもその時間と、自分のやりたいことをする時間のやりくりをどうつけるかは課題です」

子どもたちが帰宅した後は夕飯の準備をして、自分の時間は夜までない。一歳の子は病気のときは託児所に預けられず、家にいることも多い。「妻は忙しそうだけど、夜に仕事の関係者と飲みに行くこともある。妻にはある自由が自分にはない、と感じることはあります」と言う。託児所を利用していても、この感覚。預け先がない乳幼児を抱える専業主婦はより強く感じている場合も多いだろう。

もちろん子どもの性格や年齢、親側の特性によっては、一日中子どもと過ごすことこそが幸せというケースもあるかもしれない。ただ、母親であれば誰でも子育てが得意かといえばそうではない。女性だからあるいは男性だからということではなく、夫の転勤やキャリアを支える主婦たちにも、「自分時間」を確保できる仕組みが必要だろう。

うつ病で妻と役割を入れ替え

主夫も主婦と同じように、「やむを得ず」主夫になるパターンもある。

広島在住の彰さん（36歳）が専業主夫になったきっかけは、自身のうつ病発症だった。五年前、新潟に転勤となった直後に発症。最初はベッドから起き上がれないような様子ながらも、なんとか自宅でパソコンを開こうとしていた。そんな彰さんを見て、専業主婦だった妻は彰さんのパソコンやスマホを取り上げた。

そのとき、下の子は二歳。妻は下の子どもが幼稚園に入れば何らかの形で働き始めることも考えていて、資格を取るなど準備をしていたところだった。

「もともと妻は私と同業他社で同じ営業の仕事をしていましたが、同じ領域では競合してしまうということで、やむを得ず辞めていました」。そうした経緯もあり、彰さんの病気をきっかけに、専業主夫と稼ぎ主の役割を完全に入れ替えることにした。妻は正社員として営業の仕事を始め、彰さんが幼稚園の送り迎えをして過ごした。

「僕がいつ再発するかわからない状態で、妻は一人で稼がないといけないというプレッシャーがあったと思うので、申し訳なさはありました」

今は、家族で地元の広島に戻り、主夫をしながらフリーランスでライターなどとして稼いでおり、昨年度に限って言えば、妻の収入を上回っているという。でも、「たまたま今、自分のほうが稼いでいるというだけで、だからといってそれで役割を変えようとは思わない」と言う。

繁忙期も異なり、彰さんが忙しいときは妻のほうが担えることは担うというスタイルで、

PTAなどは彰さんのほうが「学校に行くのは好きなので」参加することが多いという。

正社員のような働き方に戻る可能性については「収入的にそうしなければ生活が回らないようであれば考えますが……」と後ろ向きだが、「両方働けたほうが、リスクヘッジにはなりますよね」と収入源が二つあることの安心感を語る。やむを得ず入れ替わった夫婦の形だったが、結果的に今の夫婦の収入源のポートフォリオには満足しているという。

夫婦という保険――「夫婦役割4・0」とは

この節で紹介した主夫たちは、比較的早めに「専業主夫」であることからは脱しており、保育園や幼稚園に子どもを預けて、働く方法を見つけていた。

その理由は、①専業で家事育児を担うことは想像以上に肉体的にも精神的にも大変②自身の自由な時間がない③片方の稼ぎでは家計が不安定、といったことだろう。

長年夫婦をしていると、どちらかが働けなくなったり、転勤したり、さまざまな変化がある。また育児や介護のフェーズによって、一時的に「稼ぎ主」の交替が必要なときもあるだろう。ところが、日本では雇用の流動性がなく、稼ぎ主を柔軟に交替することは極めて困難だ。

この節で取材した夫婦はいつでもその時々の判断で、役割を変えていけるような形を模索しているように見受けられた。もちろん、主婦とサラリーマンのケースでもこういった組み合わせは多いだろう。主婦・主夫であっても働き方が限定されて昇進や昇給から遠ざけられることなくキャリアアップの機会も得られることが理想だ。

リクルートワークス研究員で『不安家族』などの著書もある大嶋寧子氏は共著『30代の働く地図』の中で、夫が仕事に専念し、妻が家族のケア（世話）を一手に担う夫婦の形を「夫婦役割1・0」と呼ぶ。

一九五〇年代、増加していたサラリーマンは、都市部の住宅地の価格高騰を受け、郊外から通勤していた。長い通勤時間は女性が働くことを難しくし、夫が安心して生産労働に打ち込めるように支えることが妻の役割となった。

オイルショックを機に妻が働き始める世帯は増えるが、あくまでも家計補助的にとどまる。不況でパートタイムの労働者が雇止《やといど》めされる一方で、正社員の働き方は解雇を避ける分、残業や配置転換にも応じるなどますます過密化してしまう。

「新・性別役割分担」とも言われるが、夫はますます仕事、妻は仕事と家事・育児……という風に双方が仕事の比重を高めたこの時期を大嶋氏は「夫婦役割2・0」と呼ぶ。

それでは、「夫も妻も仕事と家族のケアを担う」夫婦役割3・0は実現したのか。一九九〇年代以降、夫の収入が減少した際、日本の多くの家族が選んだのは「夫も妻も仕事と家族のケアを担う」ではなく、衣食住や娯楽への支出を削りながら生活を守る、もう一つの戦略だったという。

今後人生八〇年、一〇〇年とも言われ、またAIなどの進化による仕事の質も変わっていく中で、大嶋氏は「夫婦それぞれが、収入を得る役割、家族をケアする役割を分担したり、交換したりしながら、そのときどきの役割に適した働き方を選択し続けていく夫婦役割4・0を目指すことが、長い目で家計を安定させる」と提起する。

男女の役割を入れ替えれば解決するというわけではない。ただ、その時々に役割を入れ替え、支え合う。もちろん社会制度の設計上はひとり親でも成り立つような枠組みが必要ではあるが、夫婦で働き方を設計するうえではポートフォリオとして考え、選択していくという方法は今後の子育ての在り方としても有効だろう。

共働き前提が引き起こす問題

終身雇用型サラリーマンと専業主婦が支える社会でなければ、どういった社会になるのか。

男性も女性ももっと流動的に仕事を変えて、時に個人事業主になり、時に主婦・主夫になる。働き手として誰かの家事や育児を担う人もいれば、それを依頼する人もいる——。

結婚した夫婦の共働きで支え合うことを前提にすることによる問題もある。ひとり親、ひとり暮らし、そして同性愛や事実婚などのカップルが仕組みによっては零《こぼ》れ落ちてしまう。また、世帯単位で見たときに格差が広がっていくという社会課題もある。

橘木俊詔・迫田さやか『夫婦格差社会』によれば、日本の夫婦は、一九八二年までは「夫の所得が高いほど妻は働かない」(ダグラス・有沢の第二法則)という法則が見られるものの、近年はそれが崩れ、高学歴・高所得のカップルと、低所得・低学歴同士のカップルが増えており、妻の収入が世帯の収入を左右するようになっている。

また、この本は、そもそも、同じくらいの教育水準同士が結婚しやすい「同類婚」の傾向が強い中で、女性側から見たときには大学レベルが同程度の結婚相手を得ていることが多いことを指摘している。

立命館大学教授の筒井淳也氏は著書『結婚と家族のこれから』で税制面について日本は個人単位課税で、これが収入が対等な夫婦にとってメリットが大きい仕組みになっていることを指摘している。ただし、他の方法を取ると結婚するメリットが減り少子化対策にはマイナスに働く可能性があるなど、どの方法も完璧ではないと筒井氏は見る。

共働きを前提とすることに問題がないとは言わない。本来は結婚した男女だけでなくとも子育てができること、もっと多様な家族の在り方が認められることが望ましい。ただ、現実的には共働きをベースにして、そこから零れ落ちてしまうひとり親やひとり暮らしの支援をしていくことが有効ではないだろうか。

2　変わる働き方

正社員の長時間労働改革

それでは、夫婦が仕事と家事の最適な組み合わせのポートフォリオを組んでいくうえで、どんな働き方の選択肢が出てきているだろうか。

二〇一九年四月から働き方改革関連法が施行された。残業規制や脱時間給制度が導入され、勤務間インターバル制度（仕事を終えてから次に働き始めるまでに一定の休息期間を設け、働く人の生活時間や睡眠時間を確保するもの）の導入努力義務がすべての企業に課される。

基本的には、これまでの専業主婦前提型の働き方を変えるには、長時間労働削減は欠かせない。これはもう明らかだ。

大沢真知子『21世紀の女性と仕事』でも、氷河期以降に入社した世代では育児よりも仕事に不満があって仕事を辞めている様子が分析されている。つまり、統計的差別などによって女性が機会を与えてもらえないことなど職場環境に原因があることを指摘している。

ただし、単に残業を減らすだけではなく、根本的に「企業にフルコミットしなくてはキャリア形成ができない」「それ以外は非正規で安定もしなければ転職も難しい」という二分論が変わっていくことも、非常に大事だ。

新しい働き方——「総合職型パート」

実際に、変化の兆しは出てきている。主婦の再就職は、少し前まで子どもが家にいない時間だけで働こうとすれば、採用先は非常に限られていた。ところが、総合職的な業務でも、柔軟に働ける方法が出てきている。

人材派遣会社のビースタイルは二〇一二年から、時短でもキャリアを生かして働きたい人向けに、フルタイムでなくとも専門的職務や責任ある職務を担う「スマートキャリア」（「時短エグゼ」から名称変更）を推奨してきた。

売り上げは直近の四年平均で、毎年おおよそ前年比八〇％増。平均時給は二三〇〇円（二〇一九年三月時点）。時給が上がっているのに加え、人手不足を背景に採用数も伸びている。

ビースタイルのしゅふＪＯＢ総研所長の川上敬太郎氏は、「フルとパートの間くらいの働き方」のことを「ショートフルタイム」と呼び、残業なしでそれなりに働きたい女性が増えていると見る。

「ショートフルタイムというのは私が勝手に作った造語なのですが、週四日勤務や週五日でも一日六～七時間で残業なしなどの働き方を希望する人が増加しているように感じています」

夫の会社の家族手当の基準が、配偶者控除の一〇三万円をベースにしているため、年収をそれ以下に抑えようとする傾向は依然としてあるという。しかし、二〇〇万円以上を稼げるようになれば、社会保険料を踏まえても手取りが拡大していく。川上氏は大きなトレンドを次のように見ている。

「今、正社員と呼ばれている働き方の概念がリニューアルされ、長く在籍しているという理由だけで高い賃金を得ている層の既得権益が削られ、その分が他に配分される形でより平均化していくのではないかと感じています。夫婦でいえば、『夫が主で妻が副』から『夫婦対等の収入』のような長期的な流れが生じてきているとイメージしています」

「週三~四日で働く人材」というニーズ

外資系メディアで採用を担当している香里さん（43歳）は、一〇~一六時の週四日出勤、週一日リモートワークという条件で働いている。子どもはもう少しで小学五年生。中学受験のために塾に週三回通っており、塾の日は残業ができるが、宿題が多く、塾がない日は二・五時間、塾がある日は一・五時間程度、勉強を見ているという。

「週に一日くらいは学校から帰ってきた姿と塾に行く姿をきちんと見ておきたいと思い、家にいる日を作るようにしました」

香里さんを同社に紹介したのは、二〇一三年に立ち上がったフリーランス女性と企業とのマッチング会社、Ｗａｒｉｓだ。

もともと、香里さんは、大手学習塾に一〇年勤務したのち、育休を三年取得。復帰しようとしたところ、子どもが保育園に入れず退職を余儀なくされた。

Ｗａｒｉｓを経由して、子どもが三歳のときに幼稚園に行っている間だけ新卒採用などの責任者を務める仕事を得た。それから、数社を経由し、今では採用全般を担当するまでになっている。

これは企業側にもメリットがある。たとえば年収八〇〇万円で大手企業で働いていた女性が子育てを機に働き方を変えたいと考えているとする。中小企業で年間八〇〇万円は支払えないけれど、専門的な業務ができる人材に週三日、あるいは一日一五時までの勤務でいいから、稼働日数分の金額で来てほしい……といったニーズに、こうした人材はマッチする。

採用の時期だけ面接対応できる人を増やしたい、新規上場を控えてＩＲ業務ができる人材を雇いたい、プレスリリースを書いてほしい——こうした企業にＷａｒｉｓは人材を紹介し、時給換算は三〇〇〇～五〇〇〇円になるという。登録者は八三〇〇人、登録企業は一七〇〇社に膨らんでいる（二〇一九年三月現在）。

リクルートも、二〇一七年度から専門的な知識やスキルを持つ人が、限られた時間で働き、高い専門性に見合う報酬、昇給、キャリアアップの機会を得ることができる働き方を「ZIP WORK」として推進。専門的な知識が必要ながら、フルタイムで雇うほどの業務量はないという企業側のニーズを掘り起こしている。

ギグ・エコノミーの広がりが示す可能性

個人が一つの会社に滅私奉公し、企業が労働者とその家族を終身雇用と家族手当で守る――。こうした日本型雇用の限界とともに、「雇用されない」働き方も広がっている。

米国では、二〇〇一年にロバート・ライシュ労働長官の補佐官兼スピーチライターなどを務めた経験もあるダニエル・ピンク氏が著書『Free Agent Nation』で、米国の働く四人に一人がすでに何らかの形で「フリーエージェント」化していると指摘している。

フリーランスや臨時社員、ミニ起業家という形で「インターネットを使って、自宅でひとりで働き、組織の庇護を受けることなく自分の知恵だけを頼りに、独立していると同時に社会とつながっているビジネスを築き上げた」人々が増えているというのだ。

その後、リーマンショックで金融機関をはじめとする米企業の足元が揺らいだ。米国でも一世代前までは正社員としてフルタイムの仕事に就き、転職をしたとしても一回程度で福利厚生や退職金をあてにした人生の見通しを立てることが可能だったが、現在はフルタイム労働が減少しており、こうした足場が崩れつつあるとの指摘がある（ダイアン・マルケイ『ギグ・エコノミー』）。

ここに、ITにより資産や労働をオンデマンドで提供したりシェアしたりするためのプラットフォームが続々と出てきた。

シェアリングエコノミー研究の第一人者でニューヨーク大学教授のアルン・スンドララジャン氏は著書『シェアリングエコノミー』で、シェアリングエコノミーが出現した背景として、スマートフォンの普及、無線ブロードバンド環境の整備、信用システムの構築といったデジタル基盤が整ったことと都市部への人口集中を要因として挙げている。

とりわけ、インターネット上の半匿名の相手を信用できるようになったのは、過去の取引、他人の体験からの学習、ブランドによる保証に加え、ソーシャル資本つまり取引相手と共通の友人がいるかといった人的ネットワークがデジタル化されたこと、運転免許証をスマホのカメラにかざすなど政府や非政府の外部機関が認証している資格などが、簡単に身分の証明に使えるようになったことが大きいという。

こうした働き方は「単発の仕事（ギグ）」を組み合わせる「ギグ・エコノミー」と呼ばれ、場所や車などの「シェアリングエコノミー」とともに加速していくことになる。

マリオン・マクガバン『ギグ・エコノミー襲来』によれば、一九八〇年代・九〇年代生まれのミレニアム世代は生活を楽しもうとする傾向や仕事の自主性や柔軟性を重視する傾向もある。企業でマミートラックや昇進できない「ガラスの天井」に直面した働く女性や、景気後退期に失業した高学歴層がインディペンデント・ワーカーとなっていった。

日本でもフリーランス人口は副業としてやっているケースなども含めて一〇〇〇万人と推定されている。リクルートワークス研究所は二〇一六年に出したレポート「Work Model 2030 ―テクノロジーが日本の『働く』を変革する」で、二〇三〇年にかけて、副業フリーランサーは二四九万人、専業フリーランサーは一〇九万人増加すると推計している。

特に育児や介護などの事情を抱える人にとって、働く場所や時間を選べるこうした働き方は、有力な選択肢となる。従来の日本型雇用における長時間労働体質ももちろん変えていく必要があるが、変わらない企業からは流出し、他の働き方を模索する人たちが出てきている。

しかし、こうした流動性の高い働き方には負の側面もある。ギグ・エコノミーの悲観論者からは、就業時間が延びる一方で収入が減少・細分化し、セーフティネットがなくなり、労働環境への監視が行き届かなくなる――という懸念も出ている。

確かに、企業にとっては、こうした働き手は都合がいいはずだ。自前で教育をせずとも即戦力的な人材に必要なときに必要なだけ働いてもらい、経費や福利厚生費などがかからないために人件費がカットできる――。

専門性が高く高所得を確保できる個人はこうした枠組みで成功できても、低技能層にまで拡大していくと、懸念もある。実際に、ライドシェアサービスの「ウーバー」や「リフト」の運転手たちが従業員とみなされ経費などを支給されるべきだとする訴訟が英米で起こり、日本でも既に「名ばかり自営業者」「偽装請負」としてトラック運転手や美容師などが搾取されているとの報道もある。

広がるこうした動きに対して、どのように労働者保護を進めていくべきだろうか。

フリーランスでも安心して働ける設計へ

これまで、労働政策がカバーしてきたのは基本的に「雇用されている人」だった。しかもつい最近まで、基本的には正社員が前提とされていた。労働政策の範疇《はんちゅう》も、現実の多様化に合わせて想定を変更していく必要がある。

二〇一六年、経済産業省は「雇用関係によらない働き方」に関する研究会を設置した。私自身、同研究会の委員を務めた。

この研究会の中心的な問題意識は、フリーランス型の働き方が拡大しつつある一方で、企業側が業務を切り出して外部に発注することに慣れておらず、企業外の人材をうまく生かし切れていないということだった。

一方で働き手側の視点から、フリーランスの立場が弱く、買いたたかれやすいこと、実際にはかなり準雇用関係的な立ち位置で仕事をしているにもかかわらず、労災や育休などの社会保障が利用できないことなどが課題として挙げられ、厚生労働省の検討会に球を投げることになった。

具体的にはどのような点が挙げられるか。まずは保険関係。労災保険は自営業でも本人が保険料を支払えば任意で加入することができるが、雇用保険は「雇用」されている人が対象であるため、フリーランスは当然対象外となる。

このため、育児休業などは、もちろん「勝手に休む」ことはできるが、個人の側の事情ではなく、たとえば待機児童問題で保育園に入れないために働けない期間があっても、雇用保険の枠組みで支給されている育児休業給付金を受け取ることはできない。

また、フリーランスの場合は「仕事がこなくなった」という状態が認定されにくく、当然、失業保険も対象にならない。

神戸大学大学院法学研究科教授の大内伸哉氏は『会社員が消える』で、フリーランス的な働き方を選択した個人が背負うリスクについて自己責任にせずに社会的保護を進めていく必要性に触れている。

まず、「名ばかり自営業者」とも呼べる、実質的には特定の企業の指揮命令下に置かれている場合、つまり雇用類似については、雇用されている状況と変わらないと判断されれば企業が時間外労働の割増賃金や社会保障の未納付分を払う必要がある。

これについては現在も実情を見たうえでということになっているが、働き手が泣きを見ることのないよう、相談でき、声を上げるための知識や人脈を与えてくれるユニオンなどの窓口のますますの充実が求められるだろう。

また、雇用されている場合は医療保険が会社と折半になったり、年金制度でも雇用労働者の配偶者が一定の所得以下の場合に優遇措置があったりするが、個人自営業者にはそういった社会保障面での措置がなく、会社員との格差がある。

年金や医療保険の仕組みを見直すのは大きな作業になるが、長期的にはこれを働き方の形態にかかわらず平等にしていく議論は避けられないだろう。

このほか、フリーランス経験者としては、マイナンバーなどの煩雑な手続きを改善する、ベビーシッターなどを含む保育費を経費として計上できる仕組みを作るなど、フリーランスにやさしい制度構築を望みたい。

価格保証をどうするか

フリーランスやギグ・ワーカーの収入についてはどうだろうか。収入が不安定になることは当然のことながら、クラウドソーシングを通じたライティングなどの一部の仕事は買いたたかれ、最低賃金かそれ以下になっていく可能性もある。

価格についてデジタル基盤のプラットフォームが果たす役割については、楽観論と悲観論が拮抗している。

楽観論としては、これまでよりもうまく信用のシステムを作ることができる可能性がある。

社会心理学者の故・山岸俊男氏は、吉開範章氏との共著書『ネット評判社会』で、評判のシステムについて言及している。一般的には集団内で、相手を裏切ることによって短期的利益を得られたとしても、それが集団から排除されるといった長期的に大きな不利益をもたらす場合、人は身を慎む行動を取る。

集団から排除されるのが脅威になるような「閉じた集団」ではない場合はこれがうまく機

能しないので法制度が必要になるわけだが、インターネットを使った枠組みでは、どうか。

ネットオークションやアマゾンのカスタマーレビューのように、ピアレビューが行われたうえで、評価をつける人への「メタ評価」がされている場合など、集合知がうまく活用されれば、信頼のシステムを作ることはできる。

実際に、スンドララジャン氏『シェアリングエコノミー』によれば、マーケットプレイス的なプラットフォームが出てくると、従来のチャネルよりも時間当たりの収入が増えるという結果が出ているという。

特に、供給側と需要側が同じ場所にいなければならない職種ではこの傾向が強く、信頼できる配管工やカメラマンなどを見つけやすくなると需要が増えることが一因だと考えられる。スンドララジャン氏はこれを経済理論の「情報の非対称性が解消されると賃金は上がる」効果で説明している。

評価により品質が事前にわかるのなら利用者は導入がしやすくなるし、提供側も品質を上げようとするインセンティブがわくというわけだ。

しかし、実際には、英国などではギグ・ワーカーの低賃金労働が問題になるなど課題も噴出している。また悲観論者からはネット上での信頼をベースにすることで、評価データに振り回されることを「データ・ダーウィニズム」と呼び、危惧する向きもある。

たとえば、ずっと良い評価を得続けて、ある日突然豹変するという類の詐欺が防げるか。「カスケード現象」といって、人の評価に引きずられてしまうリスクもある。

いわば「信頼」資産の有無が個人を左右する信頼格差社会になっていく中で、良いレビューを不正に購入しようとする動きや、レビューを良くすべく無償でのサービス合戦が始まってしまう危険性もあるかもしれない。

セーフティネットをどう作るか

こうした懸念に対しては、プラットフォーム側の工夫と努力、そしてやはり政府によるセーフティネットを本格的に議論する必要が出てくるだろう。

プラットフォーム側の努力としては、日本のクラウドソーシングのプラットフォームを運営する企業からは自主的に最低価格を設けたり、プロジェクト単位で質を保証して価格を確保するよう努めたりするなどの自主的な動きが出てきている。

利用者、そして働き手が不利益をこうむれば、市場全体が劣化していく。働き手を保護し、長期的に働きやすい環境を提供することが事業を長続きさせることにもつながるため、プラットフォーム側にも工夫と対処が求められる。

またプラットフォームそのものではなく、その周辺から問題解決のイノベーションが起こる可能性もある。シリコンバレーでは配車サービスの車体の上にデジタル広告を取り付けて運転手の収入を確保しやすくするベンチャー企業や、個人事業者向けの保険を開発するベンチャー企業、オンライン上の教育を仕事に直結させるサービスなどが出てきている。

そして、法制度や政策的なセーフティネットはどうか。日本の法律では、いわゆる「内職」を想定した家内労働法では、製造加工に対して最低工賃が定められているのだが、インターネットでやりとりする想定はされておらず、物品の納入を物理的に行わないＩＴ労働者はこれには含まれていない。

大内氏は前述の著書で、現在では交渉力を上げるために自営業者が団体を作ることは独占禁止法に反する可能性があるが、現代型ギルドのような形で団体を作って活動することを認め、どのような範囲であればできるのかをルール化することが望ましいとしている。

ニューヨーク市は報酬の支払いがきちんとされない場合への対処を定めたフリーランス保護法を施行、ドイツ政府は社員でも自営業者でもない働き手を労働法の枠組みの中で保護するアプローチについて検討をするなどの事例もある。

米国では二〇一五年に、職種をまたいで通算可能な社会保障制度の創設が有識者らによって提言されている。スンドララジャン氏はその原資をどう確保するかという議論を推し進めれば毎月の収入が政府により保障されるベーシックインカムもあり得るのではないかと提言する。

つまるところ、どうしても悪用する企業が出てくる側面はあり、変化に対して拒否反応があるのは当たり前だ。しかし、だからこそ、こうした新しい働き方の可能性の芽を悉《ことごと》く摘むのではなく、問題を解決するイノベーションを阻害しないようにしつつ、労働政策がカバーできていないところに対して法制度のほうをどう合わせていくのかを考えることが必要だ。

3 変わる人事制度

「ジョブ型」や「手挙げ制」へ

正社員として働く場合も、より主体的に柔軟に働き方や働く場所を選べるようになっていく可能性がある。日本経済新聞社が二〇一七年一二月にまとめた第一回「スマートワーク経営調査」によると、ポストなどを公開して応募者を募る「社内公募制度」は四三・〇%、就きたい職務を申請し異動できる「社内フリーエージェント制」は二一・八%が導入していると回答。強力な人事権のもとにキャリア選択の余地がないといった様相からは変化しつつある。

勤務地や職務を明示化した欧米型の「ジョブ型」への転換も模索される。慶應義塾大学大学院商学研究科教授の鶴光太郎氏は『人材覚醒経済』で、キャリアの途中から一定の割合の正社員を、業務などを限定したジョブ型正社員に転換させていくことを提案している。

無限定コースを温存させつつ一部をジョブ型で雇用していく方法では従来の限定正社員とあまり問題は変わらないが、「限定」のほうが原則となっていけばジョブ型に近づくだろう。

「社員の意思に反する転勤は一切廃止」というスタイルを取り始めている企業もある。たとえば、従来店舗間の異動が頻繁だった小売関係の企業が、原則転勤禁止とし、各店舗で空席が出た場合には社内公募をする手挙げ制に切り替えた事例がある。

外資系のリテール大手で人事の責任者として指揮を執ったのち、現在は独立している株式会社Funleash代表取締役の志水静香氏は原則転勤のない総合職のあり方について次のように話す。

「転勤をなくす場合、とは言っても、重要な職責については後継者育成プランがあるので、異動が本人の成長になると考えた場合には、上司から候補になる社員に打診して意思を確認します。ただ、それで本人が望まない転勤を無理やりさせられても誰もハッピーにはなりません。本人がOKであれば転勤もあり、断られれば社内公募と外部採用を行うという形式にします。社員のキャリア目標を把握していれば配置に困ることは意外と発生しません」

志水氏は、こうした仕組みが機能するには、社員が自分のキャリア目標を上司や周囲に伝えられる組織を構築することが大事で、そのためには「自分の意見やキャリア目標を言っても大丈夫」「上司に反対意見（NO）を言える」といった風通しの良い社風の整備が不可欠だという。

そして、手を挙げたら後は自己責任、というわけではなく、費用面などのサポートも充実させて手を挙げやすい環境を整えることも必要だ。

「原則、転勤によって本人の金銭的な持ち出しがあれば会社側が負担するべきです。単身赴任の場合、月に最低二回は家族に会いに行く費用を負担するとか。さまざまな事情を抱える多様な社員を一律で管理するのは難しい。最低限の転勤規定に加えて、個人のニーズに合わせてカスタマイズする、というやり方が必要だと思います」と志水氏。

本人は新しい環境で挑戦したい、でも家族の事情で転勤ができないという場合には週に数回勤務とし、残りの日は家族と一緒に住みながらリモート勤務にするなどの事例もあると言う。

手挙げ制の転勤にするメリットは、社員のエンゲージメント向上、退職率低下、女性社員の管理職比率アップ、メンタルダウンの予防、家族の会社に対する信頼向上、費用削減、採用ブランディング……など多方面にわたると志水氏は言う。

本人の意思に反した転勤がないことを伝えることで社員を大切にしている会社であるという印象を与えられ、採用時にも有利に働くほか、安心して仕事に取り組む環境があることで社員とチームの高い成果につながるという。

世代によっては親の介護を同時期に抱えるという課題もある中で、不必要な転勤を減らす、本人の意思をもう少し尊重する、ということも検討する必要があるだろう。

日本企業では、転勤に対する要望などを出すと「不公平」「ゴネ得」のような言葉が聞かれることも多い。それは、皆がどのような状況であれ、会社の配置命令を受けざるを得ず、さまざまに犠牲を強いられてきたからであろう。

ある外資系企業に勤めている女性は、「むしろ交渉するもの、ゴネてナンボの世界だから、ゴネ得という言葉自体が日本企業特有という印象」と話す。

共働きで子育てや介護中であれば「限定」、それ以外であれば「無限定」ということではなく、共働きだろうが専業主婦だろうが、子どもや要介護の親がいようがいまいが、その個人を見た人事配置と配慮、状況によって選択できる枠組み……これが実現していけば、転勤に限らず「ずるい」といった感覚自体がなくなっていくのではないか。

転勤の仕組みを見直す時期にきている

単身赴任か、家族が帯同する場合は妻が子どもの学校や自宅のケアを行う——。いずれにしても男性か独身者の赴任を前提とし、転勤する本人は誰かのケアを担う必要がない想定だった日本の転勤。しかし、子どものいる女性にも辞令が出るなかで、さまざまな形の転勤のあり方が出てきている。

たとえば女性が海外赴任して子どもを帯同し、夫は単身で日本に残るというケースも出てきている。従来の海外赴任は、男性が赴任者としてまず赴任して住む場所を整え、働き始め、その後数カ月して妻が子どもたちを連れて帯同するというケースが多かった。この場合、学校の見学や手続きは夫が先にしておくこともできるし、妻が来てから夫婦で協力して担うこともできる。

これでも赴任者本人もサポートする妻側も十分大変だが、片方が子どもと同時に赴任となるとさらに過酷だ。母子赴任の場合、母親と同じタイミングで子どもたちも渡航し、子どもを預けられる場所もないまま、住む場所のセットアップ、学校見学や手続きなどを、仕事の開始と同時にしないといけなくなる（なお男性の赴任で子どもを帯同し、妻のみ日本に残る場合はまったく同じ問題が発生するが、このパターンは極めて少ない）。

これはほぼ不可能なので、現状では子どもの祖父母が子どもに同伴して、一カ月程度現地に住んでサポートするなどのケースが多い。だが、男性の赴任で妻が帯同する場合にはその渡航費補助が出るのに、祖父母の場合は補助が出ないなど、「これまでの駐在」に比べて企業からのサポートが手薄になりがちだ。

労働政策研究・研修機構（ＪＩＬＰＴ）が二〇一六年に実施した調査によると、国内転勤の打診時期は「二週間超〜一カ月前」が三四・九％で最も高く、海外転勤では「一カ月超〜二カ月前」が三〇・七％で最も高い。

出発前日まで日本で仕事をして、到着してすぐ現地勤務が始まり、家財道具をそろえ、段ボールを開ける暇もないということもある。

そのようなハードスケジュールで赴任者を動かす企業は、その枠組み自体が「妻の内助の功」に期待をした専業主婦前提の枠組みだとも言えるかもしれない。

共働きの増加を受け、マニュアルを見直す企業も出てきている。企業では女性の赴任者向けに下記のような変更が実際にされたという事例報告や要望が挙がったりしている。これは男性が赴任する場合にも適用されてもいいのではないだろうか。

- 着任前に転勤先で託児所や学校などを見学・手続きしたり、通園通学に便利な場所での家探しができたりするよう、出張する機会や長めの支度休暇を設ける
- 着任直後に子どものケアをする人、子どもが数カ月遅れて帯同する場合の同行者などが、赴任者の配偶者以外である場合（祖父母であることが多い）にも、渡航費用の補助が出る
- 現地でのメイド・シッターを紹介したり、契約の補助をしたりする

同じ会社で夫婦を同じ勤務地に配属する事例や、配偶者の転勤先への配属を希望して実現する事例も増えてきている。

国内でも二〇一五年に地方銀行六四行が配偶者の転勤などで退職した行員を、転居先にある別の地銀に紹介したり、元の地域に戻ったときの再雇用をしやすくしたりする「地銀人材バンク」を作った。

二〇一八年には東京・大阪・名古屋・福岡の私鉄一一社が、同様に配偶者の転勤などで地方へ転居せざるを得なくなった場合、提携先の私鉄に出向または転籍できる「民鉄キャリアトレイン」を立ち上げるなど、転勤があっても働き続けられる枠組みを模索する動きもある。

在宅勤務、リモートワークの威力

在宅勤務やリモートでの就業が可能になってきたことは、子育てとの両立や転勤配偶者の勤務継続において絶大な効果をもたらしている。

在宅勤務は通勤時間を減らし、子どもの発熱時などにも対応が容易という点でフリーランスなどの働き方とともに働き手の選択肢を増やすものだ。加えて、転勤があっても妻も働き続けられるという選択肢をもたらしている。

東京で外資系医療機器企業に勤めていたケイコさん（42歳）は、二〇一六年から東アジアの某都市で勤務をしている。別の会社に勤める夫の転勤が決まり、会社に相談すると、駐在員として赴任の辞令を出してくれた。

夫側の会社は前向きではなかったため、ケイコさん側の会社の人事が社長名で「御社（夫側の会社）に迷惑がかからないように自社が全責任を負う」との覚書を提出してくれたという。

渡航時の引っ越し費用も家族の分は夫の会社から補助が出るが、ケイコさんの荷物は別扱いにするなど、手続きは煩雑に。

「渡航までがすごく大変で、くじけそうでした。何度もやっぱり辞めますと自分の会社に言いに行ったのですが、人事になだめられて、いろいろと励ましてもらってなんとか渡航にいたりました」

夫の扶養からは外れるため「同居人」という扱いで、帯同しながらも働いている。子ども二人は小学生。中学受験のケアもにらみながら、月一回の頻度で日本への出張をこなす。

子ども二人を自費で連れて日本と行き来せざるをえないこともあり「出張についての取り決めもあるとよかったかな、とは思います」と言うが、「キャリアが途切れなかったのは、今思えば本当にありがたかったです」と振り返る。

ケイコさんの事例は、ＩＴによりオンライン会議やリモートワークがやりやすくなり、出張も頻繁にこなせる状況だから成り立つようになった側面がある。

多くのケースで企業内では「特例」扱いで、決して大々的に宣伝はしていないが、試行錯誤が始まっていることがわかる。企業にとっても、休めるようにする、復帰できるようにするといった対応よりも、稼働してもらう方法を考えるほうが合理的に見えてきたのかもしれない。

キャリアの階段を緩やかにする、という解

海老原嗣生氏が共著者の荻野進介氏とともに、日本の人事慣行などについての一七冊の著者と往復書簡を交わした『人事の成り立ち』で、海老原氏は日本型雇用の最大のポイントは「（この仕組みの中に入ってしまった人は原則として皆）階段を上る」ことだとしている。

この書籍では私も『「育休世代」のジレンマ』の著者として一七人の往復書簡相手の一人に入れてもらっており、この日本型雇用に女性が参入したときに起こることについて議論している。

海老原氏は、欧米では一部のエリートのみが長時間労働をしているのに対し、日本では

「皆階段を上る」仕組みにより、多くの正社員が長時間労働をしていること、それ（長時間労働）をせずに女性がエリートを目指すのは無理があるのではと問題提起している。

つまり、アメリカやフランスでも、外資系企業のエグゼクティブは男女ともに猛烈に働いている。ただし、彼らは「ケア」をかなり外注することができている。

そうではない普通の人たちは、ワークライフバランスが日本よりはとれているかもしれないが、それは「キャリア」を選ばなかった多くの人たちの選択肢なのではないか、キャリアを追求したければケアをしながらの労働では難しいというのは世界共通で変えがたい事実なのではないかというわけだ。

そのうえで、海老原氏は日本特有の問題を四点指摘している。一つ目は今まで「階段」を女性に解放してこなかったこと。二つ目は「階段」を上ろうとする女性にもケアをすべきという規範を押し付けがちなこと。三つ目としてこの二つが合わさった結果、階段を降りるのは必然的に女性になること。そして四つ目として、「階段」が総合職全員に開かれていること。

視点を一つ付け加えるとすれば、そのようにマクロとして女性にケアを押し付け、階段を上ることを許さない仕組みがあることで、ミクロでは男性は職場にいさえすれば大して成果を上げていなかったとしても階段を上がっていけるのに、女性は「名誉男性」化しない限り、階段を上がっていきにくいというコントラストがある。これがあまりに理不尽に感じられるという心情的な問題が、離職をもたらしている。

ではは男女ともに全員エリートを目指すべきだろうか。私もそうとは思わない。そもそも一つの企業で昇進し続けていくことだけが「キャリア」ではない。

海老原氏も「ライフイベントに即して、キャリアはストップするが、それでもコースアウトはせず、暴風雨の時期が過ぎたら、また上れる」という誰でも上れる「緩い階段」の提案をしている。

企業側も、実際に配置を柔軟にしたり、再雇用や在宅勤務など様々な方法を取ったりして、「二四時間戦えます」型の働き方ではない活躍の方法を考え始めている。結果的には正社員男性で階段を上れない人もでてくるということになるだろうが、既に日本企業は終身雇用を保てなくなってきている側面もある。

雇用形態を変えたり転職をしたりしながら、男性も女性も、もう少しグラデーションのあるキャリア形成ができたら、「緩い階段」の選択肢も見えてくるのではないか。

4 変わる家事

家事やケアの「第三の方法」

家庭の役割はどう変わっていくだろうか。

立命館大学教授の筒井淳也氏は著書『結婚と家族のこれから』で、世界的には北米型の経済格差を利用した移民労働者などに家事を全面的に外注する方法と、北欧型で政府が公的にケア・ワーカーを雇用する方法があると指摘している。

私は、第三の方法ともいうべき選択肢が出てきているのではないかと思う。第二部第2章で家事の高水準化とそれをすべて自分でやろうとしてしまう日本の主婦の実態について触れたが、ここにきてじわじわと家事代行は伸びを見せている。

矢野経済研究所によると、国内の家事支援（家事代行）サービス市場規模は、利用者の支払金額ベースで二〇一五年度は前年度比四・〇%増の八五三億円、二〇一六年度は同三・〇%増の八七九億円だったという。

同社は今後も伸びを予想しており、むしろ担い手側の人材不足が大きな課題と分析している。この伸びの背景には、もちろん共働き世帯の増加がある。

しかし、それだけではない。家事代行の担い手側の多様化も進んでいるのだ。家事代行は、ダスキンが掃除を中心に一九八九年に「メリーメイド」サービスを開始。家事代行専業ではベアーズが一九九九年に設立されるなど、ビジネスとしては二〇年、三〇年の歴史がある。

そこに、近年参入してきたのがシェアリングエコノミーだ。家事代行でもC to C（消費者同士がつながって取引をする）で家事・育児をしてくれる人と、して欲しい人のマッチングプラットフォームが出てきている。

広がるC to C家事代行ビジネス

従来型の家事代行業者は家事の担い手を研修などで教育し、質を一定水準に保証していた。となると、利用料は一時間三〇〇〇円近くかかるうえ、特定のヘルパーを指名することが難しいケースもあった。家庭の側からすれば家事を担う人が変わると、細かい「ここはこうしてほしい」という要望を毎回伝えないといけない。

クレーム対応や担当者の変更は本社スタッフが応じる仕組みで、会社により厳密に管理されているところが安心である反面、かえって使いにくさを覚える人もいただろう。「時間があったら、ついでにこれもお願い」と言おうものなら、「追加料金はいくらになります」「本社を通してください」といった杓子定規な対応に遭遇することも多く、利用者側からすれば融通が利かない。

そのような面倒くささも手伝い、導入はしてみても、継続的に家事代行を使いこなせなかった家庭も多いだろう。

これに対し、マッチングプラットフォームは、お互いに依頼と承認を個人ベースでできる。通常、過去の利用者の評価を見ることもでき、価格も一五〇〇円から二五〇〇円程度まで幅がある。身分証確認や審査などはしているものの、逐一本社スタッフが間に入らないので、その分の人件費が上乗せされないメリットがある。

もちろん、いくらレビューが見られるからと言って相性のいい相手に巡り会えるかという問題は残るし、不満足な結果になった場合に自己責任という側面はある。ただ、このCtoCの枠組みの中で、特に働き手とお願いする側の家庭で、対等感やリスペクトが出てくると、日本の家事代行は大きく変わっていくのではないか。

家事代行のカギは「対等感」

二〇一四年にサービスを開始し、『日経ＤＵＡＬ』のユーザー調査で「家事代行サービス企業ランキング二〇一七」の一位になったタスカジ。私も日本で子育てとの両立生活を送っていたときにさまざまな代行サービスを使ってみたうえでタスカジのフィリピン人家政婦さんに落ち着き、週一ペースで依頼をしていた。

売り上げが二〇一八年度で前年比八〇％増に成長しているという同社の社長・和田幸子氏は、シェアリングエコノミーゆえの利用者増のポイントを「対等感」だと考える。

「日本人は、狭い家の中で上下関係を持ち込むのに抵抗感もあって、（家事代行を）雇うほどお金持ちじゃないし……という感覚が強かった。でも、シェアリングエコノミーは対等な関係で、両方が断る権利を持っている。そういう中で、家事にも得意不得意があって、適材適所で自分ができないことはお金を払ってやってもらおうという人が増えてきたのでは」

こうしたニーズに合わせて、タスカジでは元シェフだった人や栄養士の資格がある人、家庭料理が上手な人など、個性や特技を生かした仕事をしてもらっている。家事代行の担い手＝タスカジさんには、専門スキルを磨いてもらい、中には自らの料理レシピや整理整頓術の本などを出版する事例も。「伝説の家政婦」などとしてメディアにも取り上げられるようになった。

実はこれは働き手側にとっても非常に大きい変化だ。日米などの歴史を振り返れば、「女中」文化は他の工場労働などに労働者が流れることで廃《すた》れてきた側面がある。矢野経済研究所も指摘するように、人材確保がこの市場の伸び率のカギとなるわけだが、そこに対等感やリスペクトが生まれれば、働き手も増える可能性がある。

実際に、タスカジが「プロの家政婦」といった打ち出し方を始めた背景には、人材確保がある。和田さんは「ハウスキーパーを募集するときに、需要が増える中でなりたいと思う供給側を増やすには、家政婦さんのイメージを変えて、職業としてのブランドを上げていく必要がありました」と語る。

レビュー評価により仕事が得られる方法を取ると、高評価をキープするために無償サービス競争が加速してしまう可能性があるが、家事代行の場合は供給が需要に追いついていない状態であるため、どちらかというと依頼される「タスカジさん」側に現在交渉力があるという。

「住み込みメイド」は解決策になるか

世界の中には、住み込みメイドに全面的に家事を外注することができる国もある。これは解決策になるだろうか。

シンガポールでは政府に支払う税金を含め、住み込みメイドを月五万～八万円程度で雇うことができる。日本で家事代行を頼むのには一時間あたり二〇〇〇円前後かかることを考えると、破格にも思える。

しかし国同士の経済格差を利用したこの枠組みは、さまざまな課題を含む。通常、シンガポールでは雇用主の家に住み込むメイドは直接雇用の形態をとり、雇用主がビザの発行なども含む責任を持つことになる。不満があっても雇用主のもとを離れようと思えば帰国しなければならなくなる可能性が高く、構造的にメイド側が弱い立場に置かれやすい。

もちろん、働き手側も自国に残るよりは良い選択肢だとして渡航しているわけだし、それなりに外国での生活を満喫しようと来ているメイドも多いのだが、狭い家庭内で虐待や不払いなどの被害に遭いやすい側面もある。雇用主の家族のケアをするために自分の家族と過ごしたりケアをしたりすることがしにくくなるといった課題もある。

雇う側から見ても、メイドの面接、モチベーション維持、トラブル対応……と必ずマイクロマネジメントが必要で、ストレスに感じる人も多い。住み込みとなれば毎日顔を合わせ、家族のケアを任せることになる。

留守宅を任せることもあるので、家族だけのときと異なり、自宅内で金品などを管理する必要もある。相性が合うか、誠実な態度で働いてくれるか、トラブルが起きないかということは、実際に雇い始めてからでないとわかりにくいことも多い。

シンガポール人女性、アイーダさん(60代)は二〇年間、一〇人以上のメイドを取り換えてきた。子どもたちが幼い頃は英語ができるフィリピン人を雇っていたが、子どもが大きくなってからは、老親のケアができそうなミャンマー人に切り替えている。

だが、仕事で「もっとこういう風にしてほしい」と指摘すると、機嫌が悪くなりトイレに鍵をかけて出てこなくなったり、夜中に雇用主の部屋をこっそり開けているのを見かけたりしたので解雇。その後モノを盗まれていたこともわかり、メイドは警察に捕まった。

アイーダさんは「時間もお金もたくさん無駄にした。いいメイドに出会えるかはギャンブル。旅行ではお土産を買ってきたり、週末一緒に出かけないかと声をかけたり家族のように扱いつつも、子どもたちをメイドと二人きりにはしなかった。私はメイドを本心から信用したことは一度もない」と言い切る。

メイドを雇うコツを「もうとにかく期待値を下げること。細かいことを気にし出すときりがないから目をつむること」とため息をつく。

上野加代子『国境を越えるアジアの家事労働者』は、メイド側の「不服従」の行動は公然と異議を唱えられない彼女たちの抵抗のテクニックであり、生活戦略だと分析する。

こうしたすれ違いを避けるため、「ハウスルール」と呼ばれる雇用主とメイドの間のルールを設ける家庭も多い。シャワーを浴びていいのは勤務時間後、また勤務時間後の外出には門限を設け、昼間はスマートフォンを取り上げているケース、監視カメラをつけておくケースも普通だ。日々のタスクまで細かく決めている家庭もある。

ここには、ある種のゲーム理論的な残念な均衡がある。対等な人間として相手を尊重しようと思うタイプの雇用主が一定程度いても、メイド側の抵抗に直面すると、ハードマネジメントに均衡していく。メイド側は構造的に弱い立場に置かれており、あわよくば良い条件を引き出したいのだが、結果的に締め付けは厳しくなりがちだ——。

もちろん、信頼関係を築くことができれば快適ではある。シンガポールで二児の子育てをしながら夫婦ともにフルタイムで働く日本人女性のエミさん（40代）は「今のメイドさんがお料理も上手で、すごく助かる。子育てをしながら共働きをするうえで、なくてはならない存在」と話す。

「辞めると言い出されないように、（費用を負担して）フィリピンに一年に二回は帰国させてあげるなど、できるだけモチベーションを維持してもらうように気を遣っている」と話す。

メイドに恵まれ、給料を契約更新ごとに引き上げて六年、七年と家族のようにともに過ごす家庭もある。ただ、メイド側の生活や人権を犠牲にした関係性や、結果お互いに不信の均衡に陥るケースも多く、住み込みメイドの制度は構造からして難しさを内包している。

日本では、そもそも住居のつくりや法制度上からも、住み込みはなかなかハードルが高い。多様な選択肢の中から時間単位などで選べる家事代行は住み込みによるお互いにとってのストレスがなく、サービスを利用できる点でメリットも大きいのだ。

家事外注によって気づくこと

家事を外注することによって気づくことも多い。一つは、やはり家事は有償であり、誰かの役割として存在するれっきとした仕事だということ。「主婦の労働はいくらか？」という議論は半世紀以上前からされており、大ヒットドラマとなった『逃げるは恥だが役に立つ』

とその原作の漫画でも議論が再燃したことは記憶に新しい。

Ｃ to Ｃでは、お願いする側も、「家政婦さん」というよりは「プロ」に頼む感覚で仕事を頼む。整理整頓を教えてもらう。いつもよりも美味しい食事を味わう。それに対して、場合によっては自分自身の時給よりも高い金額を払う。プロの主婦が、自分の家で無償労働をしていたことに、価値が生まれ、有償労働になる。こうした循環が、今ようやく生まれつつあるのではないだろうか。

もう一つは、家事というのは人によってやり方が異なり、「言わなくてもわかってよ」というレベルの「やってほしいこと」も山のようにあるということ。

夫との役割分担も大事だが、家事は当たり前に誰かがやることではなく、仕事であることを認識すること。そして、どれだけ外注しても、良くも悪くも結局マネジメント業は手元に残る。そこについて夫婦で共有すること、任せられるところに関しては家事代行を使ってみるという選択肢をお勧めしたい。

5 変わるべき保育・学校

保育の質の確保は急務

本書では、第一部で乳幼児を抱える専業主婦の大変さを指摘し、第三部の冒頭でも主夫たちが保育園を活用している様子を描いてきた。就労の有無や形態にかかわらず安心して子どもを預けられる先は絶対に必要だ。

政府は二〇一九年一〇月から三～五歳児の認可保育園と一部幼稚園等を全面無償化するが、そもそも最も預けにくい〇～二歳の預け先をしっかり作っていくこと、そして質を上げていくことのほうがよほど必要とされている。

OECDは二〇一二年に「質を考慮せずにサービスの利用を拡大しても、子どもに良い成果はもたらされず、社会の長期的な生産性が向上することもない」「質の低い幼児教育・保育は子どもの発達に好影響をもたらすどころか長期的な悪影響を及ぼしかねない」と報告している。

猪熊弘子・寺町東子『子どもがすくすく育つ幼稚園・保育園』は、保育事故の取材や弁護等をしてきた立場から、早期教育や習い事を売りにした園よりも、遊びに熱中できる園の魅力と実践例を描いている。

ただし、この本でも触れられているが、自由保育や自然保育はただの放任とは異なる。たとえば我が家の娘が〇歳のときに通っていた保育園の隣にあった幼稚園では、外遊びがしたい子は園庭で、中にいたい子は室内で遊ぶことを選ぶことができた。

が、異年齢の複数クラスの子どもたちが思い思いの場所で遊ぶことになるので、遊ぶ場所、場所ごとに先生を配置することが必要になる。さらに園庭には子どもの足まで程度の深さの小さな池や子どもが木登りできる程度の木がある。

池について私が「これ、三歳の子とかは落ちないんですか」と聞くと、園長先生は「（入園したばかりの）四月は落ちますよ。でも皆だんだん、どれくらいの角度で体を傾けると落ちて、どうすれば落ちないのか身をもって学んでいくので夏くらいには落ちなくなります」とニコニコしている。

「靴や服が泥だらけになるのが嫌な保護者の方は、うちの幼稚園には来ないほうがいいと思います」とのことで、こういったスタイルをいいと思うかどうかには親子の好みや方針の違いはあるだろう。

ただ、「自由に遊ばせる」「自然から学ぶ」ためには、それだけ大人の配慮や配置、余裕が必要になるということだ。

「とは言ってもまずは待機児童（量）の問題を解消しないと、そんな高い質の話までできない」のだろうか。でも、そもそもの子育てに対する予算の少なさ、保育士の待遇の低さの背景には、子どもという次世代への投資の重要性や保育の専門的な知見へのリスペクトが認識されていない。

待機児童の解消、その先に誰でも預けられる枠組み。そして質の確保。政府はここにお金を振り向けてほしい。

理想的な「放課後の居場所」とは

学齢期の子どもたちはどうだろうか。はたして子どもは幼稚園や保育園、小学校が終わった後の放課後、どのような環境でどのように過ごすのが理想的なのだろうか。

池本美香編著『子どもの放課後を考える―諸外国との比較でみる学童保育問題』では冒頭に、「かつては、在校時間外の自由な時間に、家庭や地域社会において、子どもは人格形成や情操教育につながる様々な体験をしていた」との問題提起がある。つまり、日本でも従来は家や近所で大人の手伝いをすること、地域や団地のような場所でさまざまな年齢の子どもと交流すること、自発的な遊びや自然体験などができた。

が、昨今では「女性の就業の増加で地域活動の担い手が減り、都市化とともに自然の空間が減り、モータリゼーションとともに交通事故や犯罪の不安も高まり、子どもが社会を体験できる機会が制約されつつある」。つまり、大人がついていないと危ない環境が増えるなか、共働き世帯が増えることでその「大人」の確保も難しくなっている。

そこで、この本は「家庭や地域社会といった『学校外』での子どもの教育機能が低下するなか、この学校外教育の機能を再構築する必要性」を訴え、各国の学童保育などの紹介をしている。

たとえばスウェーデンでは二〇〇〇年頃から親の就労のためというよりは子どもの権利として、子どもにとって望ましい保育環境を整備しており、フィンランドでは就業時間が八〜一六時で、学童は一七時に閉所するという。

これに対して、日本政府は職員の複数配置を義務付けた基準の扱いを緩め、国会で児童福祉法改正を含む地方分権一括法案を決定。子どもの少ない土曜日や夜間を職員一人体制にしても違法ではなくなるという。ただでさえ指導員は薄給なのに、責任を一人で負うような体制では成り手も減りそうだ。

保育園そのものや学童保育の質を上げ、さらに居場所の量を確保して親の就労にかかわらず通えるような仕組み。そして子どもがもてあます時間が長すぎるか短すぎるかの二極化にならず、親が一七～一八時といった「そこそこの時間」に帰ってこられる働き方。この両輪が必要ではないだろうか。

専業主婦ネットワークに代わる見守りサービスの可能性

公的な枠組みの整備が急がれる一方、子育て領域でも新たな助け合いの枠組みが出てきている。

二〇一三年に甲田恵子氏が始めたサービス「アズママ」は、一度顔を合わせて知り合った利用者同士が近所で子どもを預かったり、幼稚園に送迎したり、一緒にご飯を食べに行ったりを依頼できる。依頼者は預かってくれた家庭に一時間五〇〇～七〇〇円を謝礼として渡す。

都心では急な残業や学校から塾への送り迎えなどが多いと言い、社長の甲田氏は「今日の今日とか、一般の託児サービスでは自由度が利きにくいですから」と解説する。

地方では季節に合わせて忙しくなる家業のときや長期休暇の輪番制のときの預かりなど、そもそも多様な託児サービスそのものがないので自分たちでうまく工夫されて使われているという。

現在は全国の複数の自治体と協定を結び、会員数は全国で約六万人にのぼるという（二〇一九年二月現在）。従来、自治体には「ファミリーサポート事業」があるが、基本的に子育てを終えた世代のボランティアを前提としているうえ、登録や研修などの事務手続きが煩雑であることもあり登録者が少ない。マッチングがうまくいかないことも多い。

甲田氏は次のように話す。「ファミリーサポートも登録をお薦めしています。ただ、提供者側と世代ギャップがあり、現在の忙しいペアレントは『自分の子育てセンスをリスペクトしてくれるだろうか』『今日も明日もなんだけど大丈夫だろうか』『子どもは退屈していないだろうか』と、いろいろ考える気遣いや手間暇を考えると面倒な部分も多いのだと思います」。

シルバー人材センターも同様の課題があり、子育て世代にとって痒《かゆ》いところに手が届くサービスにはなっていなかった。たとえば「良かれと思って」、シルバー人材が「毎日毎日お仕事もいいけれど、今しかない子育て期を大事に過ごすのもいいものよ」と子育て世代に声をかける。そこに他意がないのは百も承知でいながら、さすがにその月はそれ以上お願いできない気持ちになる……。

その点アズママは、子育て世代が自分の子どもと一緒に利用者の子どもを遊ばせることができる。甲田氏は次のように話す。

「これは何より子どもにとってのメリットが大きいんです。大人はよく『知らない人についていってはいけないよ』『知らない人からもらったものを食べちゃいけないよ』なんて言うのに、親の都合で子どもを預けなければいけないときだけ『(知らない人の)言うことを聞くのよ』と言うのは子どもにはとても不可解なはず。よく知る○○ちゃんのママ、パパと一緒に、○○ちゃんのおうちで遊べるというのは預けられる子どもにとっても預かる側の家庭にとっても、ご近所留学のような形で、子どもにとって多様性や社会性、地域性を学ぶには最高の機会だと思います」

トラブルもあるのではと聞くと、人間関係のトラブルはこれまでないと言う。子育てシェアは万が一預かっている子どもに怪我をさせた場合の賠償責任保険を全利用者にかけ、自動車や自転車での移動で怪我をしてしまった場合の傷害保険にも加入している。

「個人間トラブルはゼロですが、預かっている二歳のお子さんが、自分のお母さんのお迎えに気づいて飛び出してきたときにつまずいて顎を打って、前歯の根本から出血をしたということがありました。幸い出血はすぐとまり、大事にも至らなかったのですが、保険会社の方に相談したところ、預けたほうも預かったほうも永久歯の生え変わりまで気がかりだろうと数年間、定期的に大学病院で検査をする分まで含めて保険で対応してくださり、預けた側預かった側の双方から丁寧にお礼を言われました。『個人で預かり合っていたら、少なからず遺恨を残したかもしれないけれど、仲介してくれる人がいたからその後も安心して預け合えた』と」

アズママの収益モデルは、自治体や共同住宅から費用を受け取る形で、利用者の支払う金額からマージンは取らない。祖父母世代のボランティア精神に頼らず、共助の枠組みを作るための挑戦が始まっている。

学校は変わるか

前時代的なやりとりが残る学校は、変わる余地があるだろうか。

紙ベースのやりとりをしている学校の主な理由は、電話だと回線が限られる、先生たちも多忙で電話対応をしていられない、メールは先生たちが保護者と私的にアクセスできないようになっている、メールが見られない家もある……といったもののようだ。

しかし、同じ公立でも、学校の代表連絡先があってメールや電話で連絡を入れられる学校や、民間業者のお知らせメールシステムを導入していて、それで出欠登録ができる学校もある。自治体や学校により、かなりアナログ度合には幅がある。互いに学び合える余地は大いにあるのではないだろうか。

そもそもの予算の少なさも拍車をかけている。経済協力開発機構（OECD）によれば、国内総生産（GDP）に占める教育への公的支出の割合は日本は三%程度（二〇一五年）。比較可能な三四カ国中、常に最低クラスだ。教育社会学者の本田由紀氏は著書『「家庭教育」の隘路』や『社会を結びなおす』で、日本は教育の公的支出が諸外国より少なく、家庭（主に母親）が教育の重要な役割を担って公的な仕組みを補ってきた構造を指摘している。

先生たちはすでに長時間労働で余裕がない。文部科学省が実施した二〇一六年度の公立校教員の勤務実態調査によると、中学校教諭の約五七%、小学校教諭の約三三%が、「過労死ライン」（おおむね月八〇時間超の時間外労働）を上回っていた。保護者の利便性を向上させるためにもっと働いてくれと言うつもりはない。

教師たちも保護者も楽になるようなインフラ、場合によっては人材への投資が必要ではないか。

これまで小中学校の事務職員は基本的に学校全体でたった一人の配置だ。文部科学省は、従来教員がやってきた授業の準備や配布物の印刷などの事務作業を代行する「スクール・サポート・スタッフ」を全国の公立小中学校に配置する方針を決め、今年度から実施している。こうした国全体の姿勢で、今後変わっていくことを期待する。

学校への親の関わりを「強制」から「任意」に

親の関わりも、無駄なものを削減していきながら、一方で任意でできる人ができることをやるという方法を取れば、学校の効率化に寄与するのではないだろうか。

実はアメリカの教育社会学の文献を読んだり筆者自身がシンガポールでインターナショナルスクールに子どもを通わせたりする中で、親がたびたび学校を訪れ、時にボランティア活動をするのは日本だけではないということがわかった。それどころか、時にそれは日本よりも高頻度であるように感じる。

ただし、他国では通常「任意」であり、ボランティアはできる人がすればいいという姿勢で、親たちにそれを平等に負担することを求めない。

たとえば、筆者の息子が通う学校では、ある父親が、子どもたちが今習っていることが自分の仕事と関連しているからと申し出て、特別授業をしてくれた日があった。

平日放課後にあるハロウィンなどのイベントも、参加する家庭は子どもがゲームなどに使えるチケットを五シンガポールドル（四〇〇円程度）で購入するのだが、親が当日設営を手伝う場合は五ドルは免除され、チケットが無料でもらえる。

そもそも参加しなくても何の問題もない。やれる人がやる、できなければお金で解決する選択肢も、そもそも参加しない選択肢も作る。日本のＰＴＡにもこのくらいの柔軟性があればいい……。

そして、職場自体が子どものイベントで休みやすくなれば、交代で役割を担い、働きながらも子どもに関わることができる。母親ばかりでなく、父親や地域の人をも巻き込みながら子育てをしていくことが可能になるのではないだろうか。

6 変わる世界の中で

多様な働き方の未来

終身雇用型の働き方が制度疲労を起こす中で企業も正社員の処遇や家族手当を見直していくだろう。良くも悪くも一企業に縛られずさまざまな仕事を渡り歩く人が増えることが予想される。本著の後半では、フリーランスとしての働き方や家事代行の選択肢として、C to Cでサービスを提供するギグ・エコノミー的な働き方の可能性にたびたび触れた。総合職型パートやジョブ型への転換など新たな模索がさまざまに出てきてはいるが、究極的にはこうした雇用されない働き方は、サラリーマンと専業主婦が支えてきた循環構造が崩れる中で、それに取って代わる選択肢になるだろうか。

私も参加していた厚生労働省「働き方の未来2035：一人ひとりが輝くために」懇談会の報告書では、二〇年後の働き方について次のように記載している。

「二〇三五年の企業は、極端にいえば、ミッションや目的が明確なプロジェクトの塊となり、多くの人は、プロジェクト期間内はその企業に所属するが、プロジェクトが終了するとともに、別の企業に所属するという形で、人が事業内容の変化に合わせて、柔軟に企業の内外を移動する形になっていく。その結果、企業組織の内と外との垣根は曖昧になり、企業組織が人を抱え込む『正社員』のようなスタイルは変化を迫られる」

「また、働き方の選択が自由になることで、働く時間をすべて一つのプロジェクトに使う必要はなくなる。複数のプロジェクトに時間を割り振るということも当然出てくる。もちろん、一つの会社、一つのプロジェクトに従事する場合もあるだろうが、複数の会社の複数のプロジェクトに同時に従事するというケースも多く出てくるだろう。

その結果、個人事業主と従業員との境がますます曖昧になっていく。組織に所属することの意味が今とは変わり、複数の組織に多層的に所属することも出てくる」

多様な働き方が広がる中、日本では副業・兼業を推奨する動きも出てきた。労働者が勤務時間外に副業や兼業をすることについては、法的な規制はないものの、従来、就業規則などで副業を禁止している企業は多かった。

「働き方の未来2035」懇談会でかねてから自社で副業を解禁しその効果を説いてきたサイボウズ社長の青野慶久氏が就業規則での「副業禁止の禁止」を提案し、報告書にも内容が反映された。その後、厚労省は多くの企業が参照する「モデル就業規則」で副業を禁じる表現が使われていたため、二〇一八年一月に容認する表現に改定している。

日本企業はここ数年ダイバーシティ、ダイバーシティと言って、主には「女性活躍」を進めてきた。しかし、ここ半年で急速に焦点は「女性」という属性の多様性から、イノベーションを起こすために「個をどう生かすか」というインクルージョンのほうに視点が移っている。

真のダイバーシティへ

経営学では属性を増やすことよりも、経験や価値観の多様性がイノベーションにつながることが示されている。単に同質な日本人男性の集団に何人か女性や外国人を入れれば自動的に業績があがるということではなく、様々な視点や専門がある人たちがコミュニケーションをしてこそ、パフォーマンスにつながる。

多様な人材がいると、暗黙知的な常識が通用しないのでコミュニケーションにも時間がかかり、短期的にはコストにもなりえる。

ところが、ブレークスルーをもたらす革新的なアイデアは、多様性のあるチームからのほうが出てきやすい。多様な人材が集まったときのほうが、コストもかかるし失敗する確率も高いものの、少数の本物のイノベーションが起こる可能性も高いということだ。

こうした効果を出すうえでは個人の中の多様な経験を増やすことも有効だ。その一つが副業や社外の活動というわけだが、子育て、転勤帯同、介護、ボランティア活動など必ずしも収入を得ることではない経験の豊かさも入ってくる。

多様な経験は個人が渡り歩くスキルとして必要になってくるのと同時に、企業が、どれだけ社員にこうした経験をさせられるか、それを引き出し生かせるかを問われてくる内容でもある。

企業にとっても、変化のスピードが速まる中で成長していくうえでは、一つの会社に尽くしてきました、社長のＹＥＳマンです……ということを評価していた時代から、いかに多様な人材の多様な経験を受容し、伸ばし、生かしていけるかという世界に転換していくことが必要となっている。

流動化する世界

今、我が家はシンガポールに住んでおり、息子は英系のインターナショナルスクール、娘はもともと息子も通っていたシンガポールのローカル幼稚園に通っている。息子のつながりでは、インド、イギリス、オーストラリア、韓国、中国、マレーシアなどから来た親たち、娘のつながりでも、シンガポール人のほか、さまざまな国際カップルと親交がある。

お迎え前後や子どもの誕生日パーティが開かれている横で、あるいは週末にお互いの子どもを遊ばせながら彼らと語る中で、「働く」ことに対する考え方が日本ではかなり自由度が低いことを痛感させられる。

ある企業にずっと所属し、転勤と言われたら転勤し、帰国と言われたら帰国し、家族はそれにふりまわされる……それは日本人だけの話。グローバルカップルたちは「ここなら夫婦ともに職を見つけられそう」「子どもの教育環境としてはここがいい」とそれぞれに遠隔で応募をして、自ら住む場所や働き方を選びとっている。

もちろんそれはシンガポールなどに来ることができるグローバルエリートだからであり、自国に残っている人たちはまた違った価値観を持ち、生活しているのだろう。が、日本の、特に男性たちは相当いろいろなものに縛られているように見える。

日本では男性なら全員正社員で、全員階段を上がっていくように見えた時代は確かにあった。でも、いまやそれが崩れつつあるし、崩していく必要性も出てきている。

シンガポール人女性に日本の働き方について説明をしていて、素朴な疑問として言われたセリフがある。「それでどうやって家族を作るの?」。いや、もうその疑問はごもっとも。だから少子化も進んでいるし女性活躍は進まない。もちろんシンガポールも出生率は東京並みに低いし、課題もある。

ただ、日本企業は、グローバルに戦おうとすれば、こういう世界で働いている人たちと、そしてそういう人たちを活用している企業と、戦わなければいけないわけだ。

第一部の最後で触れたさまざまな不合理な均衡、そして悪循環の構造が、既に制度疲労を起こしているのは明らかだ。人材の確保をするため、そして外部人材を活用するため、少しずつあり方を変えつつある企業が徐々に出てきている。

企業の雇用を通じた社会保障に甘んじていた政府は、それではカバーできない人たちのセーフティネットを作ることを継続してほしい。学校や保育に公費を投入し、階層格差の再生産を是正するよう、特に低所得層や虐待などに苦しむ子どもたちを減らせるような領域に保障を手厚くする必要がある。

世界は流動化している。昭和の循環構造を引きずり続けた平成だった。令和にはいり、私たちは次の世代にどんな日本を引き継いでいくのか。

おわりに

あるつながりで大学生の女性と話す機会があり、真剣な表情で相談をされた。「私、大学を卒業したらバリバリ働いてみたいなって思っているんですけど、同じくらい、専業主婦にもなりたいなって思っていて。専業主婦になりたいって言うと、周りに笑われたりもするんですけど、自分が子どものころお母さんが家にいてくれて、それを自分の子どもにもやってあげたいなと思うと……」。

いろいろと思うところはあったが、まず彼女が育った家庭が温かいものであったであろうこと、「母のように子育てしたい」と思わせる素敵なお母さまだったのだろうと思った。しかし、第一に、時代的にそういう幸せな専業主婦家庭が成立する条件はますます減少してきていて、なりたくてなれるものでもなくなってきていること。なるために努力するにしてもそれは「稼ぎがいい結婚相手を探し、相手に好かれること」という方面での努力であり、かつ、めでたく結婚できた後も良好な夫婦関係を続け、夫に死なれない（死なれてしまった場合、生命保険などで生き延びる）というさまざまな条件を要するということを説明した。

また、彼女のケースではどうだったのかはわからないが、「お母さんみたいになりたい」と見えていたお母さん側は、本当に娘に自分と同じような道を歩ませたいだろうか。そこに飲み込んだ悔し涙や耐え忍ぶ日々があった可能性もある。今後仕事を得てそれを続けることとどっちが大変かわからないくらいの話だから、まぁ少なくとも専業主婦一本に絞らないほうがいいんじゃないの、というようなことを言った。

そのように伝えながら、共働きの私たちが、仕事をしながら子育てもしっかりできているようには見えていないのだなとも感じた。実際に、フルタイムで働くワーキングマザーたちの日常は戦場のようで、残念ながら、胸を張ってお勧めできないという点では専業主婦とそう変わりない。ああ、どうして共働きでも専業でもしんどいのか。

その答えは、専業であれ、兼業であれ、さまざまな負担を主婦に押し付けることで社会を回してきた日本の循環構造にあったと私は思う。政府、企業、学校や保育の在り方。そして人々の意識。「女性が輝く社会」という標語がむなしく思えるのも、構造的な女性の負担構造は変わっていないからだ。そしてその循環構造には、片働き男性は妻が専業主婦ゆえに転職がしづらい、共働き男性は、職場が〝家に専業主婦の妻がいる〟男性を前提とした働き方だから早く帰れない……といった具合に、ばっちり男性たちも組み込まれている。

循環構造がうまくいっているように見えた時代は確かにあったのだろうが、ほんの数十年。過労死、女性の低い経済的地位、幼児虐待なども含めて、さまざまなほころびからはもう目がそらせなくなっている。それでも、循環構造というのは相互補完的であり自己生成的な側面があるから、その中のほんの一部をいじっただけでは変わらない。崩れつつあるからといって逆の好循環が起こるというほど単純でもない。古い構造が慣性の法則的に回り続けているシーンは日常に溢れていて、私たちを苦しめている。


でも、変化の兆しもある。私は二〇一七年に駐在妻としてシンガポールに来て、数カ月の間ほぼ専業主婦生活を送っていたのだが、一歳半の娘と幼稚園児の息子の世話で驚くほど自分の時間が取れず、途方に暮れていた時期があった。自分の拠り所のなさに愕然とし、高層コンドミニアムから窓の外を眺めていると変な気を起こしそうで、その時期はベランダに近寄らないようにしていた。

ところが、今の時代はＳＮＳですぐにネットワークにつながることもできるし、遠隔でやろうと思えば仕事もできる。家事を部分的に外注し、子どもたちが学校・幼稚園に通う間、世界とのつながりを再構築していった。現在はジャーナリストとして日本のネット記事や雑誌への寄稿をしながら、帯同ビザでも働ける枠組みで、シンガポールにある日系企業で週一〜二回原稿を書く仕事もしている。

この間、周囲から日本企業の変化について耳にすることも増え、子どものいる女性が海外出張したり赴任したりする事例や、転勤や配属に対する配慮も以前よりは進んできたと感じる。男女ともに一時期ブランクがあろうとも、転職や在宅勤務などを経てキャリアを設計していく事例も珍しくなくなってきている。皆が終身雇用、年功序列のレールに従うのではなく、自ら働き方を選び、夫婦で役割を変えたり、家事や育児にかかわる大人を増やしたりする素地ができ始めている。

もちろん新しい方法というのは常に試行錯誤で、課題もあるし、すべてを解決する一つの万能薬があるわけではない。新たな循環構造ができているというほど主流化もしていない。本書で抜本的解決策になる提言ができていない自覚もある。ただ、確実に変化は訪れている。後輩や子どもたちの世代に向けて、働き方の多様化をネガティブな変化にしないよう、実態を見つめ、制度整備をしていく必要があるだろう。

いまだに学生にとって、基本的な選択肢は新卒一括採用で就職し、その会社に長くいるのかな、どこかで辞めるのかな、転職とかできるのかな……という漠としたものであり、女性が「バリキャリ」か「専業主婦」かの二者択一で考えざるを得ない現状。でも、実際には、一度辞めても再就職をする人もいれば、私のようにフリーランスで働き続ける人も、起業をする人もいる。さまざまな働き方を模索し、その背中を見せることも私たちの世代がすべきことだろう。

＊　＊　＊

この本は、『東洋経済オンライン』での連載「育休世代VS専業主婦前提社会」などを中心に加筆修正しています。取材をお受けいただき、家族についての赤裸々な現状をお話しくださり掲載のご快諾をいただきました皆様、ありがとうございました。

東洋経済オンラインの担当編集者の吉川明日香さんには、毎回の議論、再三再四にわたる直し対応をいただき、本当に本当にお世話になりました。おかげさまで当該連載は二〇一八年の東洋経済オンラインアワードで「ジャーナリズム賞」に選んでいただくこともできました。

早い段階から書籍についての声かけをしてくださり、根気強く励ましてくださったＰＨＰ

研究所の大岩央さんもありがとうございました。お忙しい中、原稿をお読みいただき、フィードバックをいただきました上野千鶴子先生、ありがとうございます。

シンガポールに来ることがなければ気づかなかった視点、子どもたちがつないでくれた多くの出会いがあり、連れてきてくれた夫と、さまざまに支えてくれたシンガポールの日本人ママ友の皆さんに感謝します。

この原稿を書いている最終段階の令和元年五月一〇日、九七歳で祖父が永眠しました。その祖父が五〇代で倒れてから支え続けていた祖母は他界して一〇年がたちましたが、これからは二人一緒に私と子どもたちを見守ってくれることでしょう。

その祖父母が子育てをしてきた時代は決して生易しくはなく、また両親が祖父の介護をしながら私と兄を育ててくれた時代、そこから私たちが今子どもたちを育てている時代は、間違いなくつながっているけれど、着実に変化してきているとも思います。

過去、その時代においてベストを尽くそうとしてくれた家族と、いつもさまざまな出会いをくれ、どんな世界になってほしいかを常に考えさせてくれる、大事な大事な子どもたちに感謝を込めて。

主要参考文献

秋田喜代美監修2016年『あらゆる学問は保育につながる』東京大学出版会

Cowan,Ruth Schwartz,1983, "More Work For Mother-The Ironies of Household Technology from the Open Hearth to the Microwave"; Massachusetts: Basic Books（ルース・シュウォーツ・コーワン、高橋雄造訳、2010年『お母さんは忙しくなるばかり—家事労働とテクノロジーの社会史』法政大学出版局）

海老原嗣生・荻野進介2018年『人事の成り立ち』白桃書房

玄田有史編2018年『30代の働く地図』岩波書店

平山亮2017年『介護する息子たち—男性性の死角とケアのジェンダー分析』勁草書房

Hochschild, Arlie Russell 1997, "The Time Bind-When Work Becomes Home and Home Becomes Work"; New York: Metropolitan Books,（アーリー・ラッセル・ホックシールド、坂口緑・中野聡子・両角道代訳、2012年『タイム・バインド』明石書店）

本田由紀2014年『もじれる社会—戦後日本型循環モデルを超えて』ちくま新書

池本美香編著2009年『子どもの放課後を考える—諸外国との比較でみる学童保育問題』勁草書房

猪熊弘子・寺町東子2018年『子どもがすくすく育つ幼稚園・保育園』内外出版社

岩村暢子2017年『残念和食にもワケがある』中央公論新社

岩村暢子2005年『〈現代家族〉の誕生』勁草書房（『「親の顔が見てみたい！」調査』を改題し、2010年文庫化、中公文庫）
岩田正美・大沢真知子編著2015年『なぜ女性は仕事を辞めるのか―5155人の軌跡から読み解く』青弓社
川口章2008年『ジェンダー経済格差―なぜ格差が生まれるのか、克服の手がかりはどこにあるのか』勁草書房
小林美希2016年『夫に死んでほしい妻たち』朝日新書
Merton, Robert K., 1949, "Social Theory and Social Structure: Toward the Codification of Theary and Research"; Glencoe: Free Press.（ロバート・K・マートン、森東吾・森好夫・金沢実・中島竜太郎訳、1961年『社会理論と社会構造』みすず書房）
McGovern, Marion, 2017, "Thriving in the Gig Economy"; Newburyport USA: Career Pr Inc（マリオン・マクガバン、斉藤裕一訳、2018年『ギグ・エコノミー襲来―新しい市場・人材・ビジネスモデル』CCCメディアハウス）
Mulcahy, Diane, 2016, "The Gig Economy- The Complete Guide to Getting Better Work"; New York: Amacom Books（ダイアン・マルケイ、門脇弘典訳、2017年『ギグ・エコノミー―人生100年時代を幸せに暮らす最強の働き方』日経BP社）
妙木忍2009年『女性同士の争いはなぜ起こるのか』青土社
中野円佳2014年『「育休世代」のジレンマ』光文社

大沢真知子2018年『21世紀の女性と仕事』左右社
大内伸哉2019年『会社員が消える―働き方の未来図』文春新書
Pink, Daniel H., 2001, "Free Agent Nation"; New York: Grand Central Pub（ダニエル・ピンク、池村千秋訳、2014年『フリーエージェント社会の到来―組織に雇われない新しい働き方』ダイヤモンド社）
佐口和郎2018年『雇用システム論』有斐閣
佐光紀子2017年『「家事のしすぎ」が日本を滅ぼす』光文社新書
品田知美編2015年『平成の家族と食』晶文社
品田知美2007年『家事と家族の日常生活―主婦はなぜ暇にならなかったのか』学文社
白波瀬佐和子2009年『日本の不平等を考える―少子高齢社会の国際比較』東京大学出版会
白河桃子・是枝俊悟2017年『「逃げ恥」にみる結婚の経済学』毎日新聞出版
Slaughter Anne-Marie 2015 Unfinished Business : Women, Men, Work, Family; London: Oneworld Publications（アン＝マリー・スローター、関美和訳2017年『仕事と家庭は両立できない？―「女性が輝く社会」のウソとホント』NTT出版）
Stone, Pamela 2007, "Opting Out?–Why women really quit careers and head home"; Univ. of California Pr
Sundararajan, Arun, 2016, "The Sharing Economy—The End of Employment and the Rise of Crowd-Based Capitalism"; Cambridge, Massachusetts MIT Press（アルン・スンドララジャン、門脇弘典

訳、２０１６年『シェアリングエコノミー』日経ＢＰ社）
橘木俊詔・迫田さやか２０１３年『夫婦格差社会―二極化する結婚のかたち』中公新書
田中俊之・小島慶子２０１６年『不自由な男たち―その生きづらさは、どこから来るのか』祥伝社新書
筒井淳也２０１６年『結婚と家族のこれから―共働き社会の限界』光文社新書
上野千鶴子編１９８２年『主婦論争を読む　全記録（Ⅰ・Ⅱ）』勁草書房
上野加代子２０１１年『国境を越えるアジアの家事労働者―女性たちの生活戦略』世界思想社
山岸俊男・吉開範章２００９年『ネット評判社会』ＮＴＴ出版
山口一男２０１７年『働き方の男女不平等　理論と実証分析』日本経済新聞出版社

本書は『東洋経済オンライン』の連載「育休世代VS専業主婦前提社会」などを元に、大幅に加筆・修正して刊行するものです。

PHP新書

PHP INTERFACE
https://www.php.co.jp/

中野円佳［なかの・まどか］

ジャーナリスト。東京大学大学院教育学研究科博士課程在籍。1984年、東京都生まれ。2007年、東京大学教育学部卒、日本経済新聞社入社。金融機関を中心とする大企業の財務や経営、厚生労働政策などを担当。14年、育休中に立命館大学大学院先端総合学術研究科に提出した修士論文を『「育休世代」のジレンマ』(光文社新書)として出版。15年、新聞社を退社し、「東洋経済オンライン」「Yahoo!ニュース個人」などで発信をはじめる。現在はシンガポール在住、2児の母。著書に『上司のいじりが許せない』(講談社現代新書)など。

なぜ共働きも専業もしんどいのか

主婦がいないと回らない構造

PHP新書 1190

二〇一九年六月二十八日　第一版第一刷
二〇二四年六月　六　日　第一版第二刷

著者――中野円佳
発行者――永田貴之
発行所――株式会社ＰＨＰ研究所
東京本部――〒135-8137 江東区豊洲5-6-52
ビジネス・教養出版部 ☎03-3520-9615(編集)
普及部 ☎03-3520-9630(販売)
京都本部――〒601-8411 京都市南区西九条北ノ内町11
組版――有限会社メディアネット
装幀者――芦澤泰偉＋児崎雅淑
印刷所
製本所――大日本印刷株式会社

ISBN978-4-569-84312-4

ＰＨＰ新書刊行にあたって

「繁栄を通じて平和と幸福を」(PEACE and HAPPINESS through PROSPERITY)の願いのもと、ＰＨＰ研究所が創設されて今年で五十周年を迎えます。その歩みは、日本人が先の戦争を乗り越え、並々ならぬ努力を続けて、今日の繁栄を築き上げてきた軌跡に重なります。

しかし、平和で豊かな生活を手にした現在、多くの日本人は、自分が何のために生きているのか、どのように生きていきたいのかを、見失いつつあるように思われます。そして、その間にも、日本国内や世界のみならず地球規模での大きな変化が日々生起し、解決すべき問題となって私たちのもとに押し寄せてきます。

このような時代に人生の確かな価値を見出し、生きる喜びに満ちあふれた社会を実現するために、いま何が求められているのでしょうか。それは、先達が培ってきた知恵を紡ぎ直すこと、その上で自分たち一人一人がおかれた現実と進むべき未来について丹念に考えていくこと以外にはありません。

その営みは、単なる知識に終わらない深い思索へ、そしてよく生きるための哲学への旅でもあります。弊所が創設五十周年を迎えましたのを機に、ＰＨＰ新書を創刊し、この新たな旅を読者と共に歩んでいきたいと思っています。多くの読者の共感と支援を心よりお願いいたします。

一九九六年十月

ＰＨＰ研究所